GARDE PARTICULIER
LA
LOI
FORESTIER
G.C

Les objets

DE NOS CAMPAGNES

Jean-Noël Mouret

Photographies :
Richard Nourry

Collection particulière de
Georges et Nicole Gaubert

HATIER

Production : Jean-Paul Paireault.
Édition : Dominique Artigaud.
Montage électronique : Mireille Palicot.
Révision : Laurence Bulle.

Produit par PREMIERE PAGE.

Dépôt légal : n° 12306/94-01-58, septembre 1994.
Photogravure : Advance Laser Graphic Arts, Hong-Kong.
Imprimé en UE
ISBN : 2-218-05297-0

Du même auteur, dans la même collection :
Les outils de nos ancêtres

Sommaire

Mythes et réalités de la vie rurale

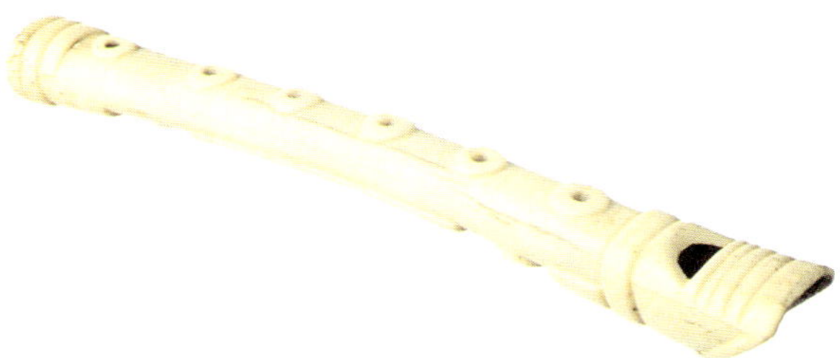

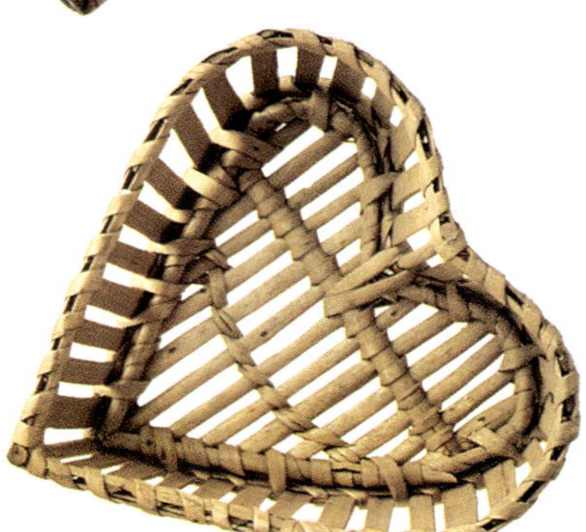

Tourisme vert, vacances à la ferme, gîtes ruraux... la campagne est incontestablement à la mode, et bien des citadins se souviennent, aux beaux jours, de leurs racines rurales encore proches.

Mais entre le plaisir de fouler l'herbe verte et la nécessité de patauger dans la boue hivernale, les exclamations admiratives devant le succulent poulet fermier rôti et l'obligation de saigner la bête, de la plumer et de la vider, la nostalgie du pain fait à la maison et le labeur des labours et des moissons, il y un grand pas que peu envisageraient de franchir en marche arrière. Une formule qui eut son heure de gloire affirmait que "la terre ne ment pas". Certes, mais elle ne fait pas non plus de cadeaux.

Aujourd'hui comme hier, intempéries et maladies se conjuguent pour mettre en péril l'équilibre souvent précaire de l'exploitation agricole. Hier, il en allait des réserves de nourritures pour l'année. Aujourd'hui, il en va plutôt des traites à la banque, mais l'inquiétude est la même.

Ce qui a le plus profondément bouleversé la vie rurale est le développement du machinisme, qui a fait voler en éclats les antiques solidarités. Cela s'est fait presque insensiblement : un jour est arrivée la faucheuse mécanique, qui évitait la corvée de fauchaison et de moisson. Ensuite est apparue la batteuse, qui reléguait le fléau au rang des antiquités et des révoltes de croquants. Puis les premiers tracteurs, primitifs mais infatigables, à la différence des animaux de trait, dont il fallait s'occuper même s'ils ne travaillaient pas, tandis que le tracteur, une fois garé, ne réclamait ni foin ni avoine... Chaque avancée de la machine a été saluée comme un progrès et un soulagement, et l'on enviait ceux qui

La vie aux champs
La Baratte

avaient les moyens de posséder un tel équipement. Sans mesurer que l'on entrait dans l'ère du chacun pour soi. Alors qu'il fallait réunir tout le village, jeunes et vieux, pour faucher ou moissonner les champs et les prés de chacun, un homme seul – solitaire – suffisait soudain à faire le même travail, sans grande fatigue et en moins de temps.

C'en était fini des repas communautaires qui fêtaient allègrement la fin des grands travaux : au soir, l'homme rentre à la ferme, toujours seul, s'occupe vaguement de la machine métallique, qui va dormir sous un hangar jusqu'à la prochaine sollicitation. Et il n'a même plus le plaisir, de retour à l'étable, de flatter l'encolure de la bête qui l'a si bien assisté dans son labeur : imagine-t-on caresser le capot d'un tracteur ?

Broye à lin – bois
Instrument rustique destiné à broyer le chanvre pour faciliter la séparation des fibres.
LONGUEUR : 120 cm

Plus que les grandes exploitations de plaine, vouées à la monoculture et aux méthodes depuis longtemps industrielles, ce sont les innombrables petites exploitations familiales traditionnelles qui ont façonné le visage de la France rurale.

Homme libre, le petit propriétaire terrien pouvait fièrement arpenter ses champs, apprendre à ses enfants les emplacements des bornes qui marquent les limites des parcelles, et se dire qu'il n'avait besoin de personne, puisque la ferme fournissait tout ou presque de ce qui lui était nécessaire. Il avait le sentiment de posséder là une richesse inépuisable, qui assurait son avenir et celui des générations suivantes. Il lui suffisait pour cela de refaire à chaque saison les mêmes gestes que les années précédentes, et de prier pour que la récolte soit bonne.

Mais à côté de ce propriétaire maître chez lui – “mon verre n’est pas grand mais je bois dans mon verre” –, et des fermiers qui louaient des terres pour les exploiter à leur profit, existait un véritable sous-prolétariat avant la lettre : les métayers, qui s’échinaient sur une terre qui ne leur appartenait pas, n’avaient qu’un bail provisoire et devaient la moitié de la récolte au propriétaire : « La destinée (du métayer) est d’être errant de domaine en domaine, pauvre toujours, misérable souvent. Cette désolante instabilité le lasse, cette incertitude du lendemain le dégoûte. Les changements de métairie ont lieu ordinairement à la Saint-Jean et à la Saint-Michel, selon les contrées. Rien de plus triste que ces déménagements où se montre à nu la misère de ces pauvres affaires : vieux châlits, table, bancs, maie, méchant cabinet piqué de vers, paillasses rapiécées, quelques ustensiles de ménage et de mauvaises hardes : le tout ne vaut pas vingt pistoles.

Voilà toute la richesse de cette famille. Ils sont métayers de père en fils depuis je ne sais quand. Tous à leur tour ont travaillé, peiné, ahané des siècles peut-être, sans arriver à la propriété, empêchés par la loi du

Dévidoir à soie
Ce dévidoir, à ne pas confondre avec un rouet, servait à dévider les écheveaux de fil de soie naturelle.
HAUTEUR : 110 cm

plus fort ; comme leurs pères, il leur faut vivre et mourir errants et misérables. » écrivait à leur sujet Eugène Le Roy vers 1900.

Et, tout en bas de l'échelle sociale, on rencontrait les domestiques, loués à l'année, travaillant dur en échange

de la pitance quotidienne, d'une paillasse dans un coin d'écurie et d'un maigre salaire, les manœuvres et les journaliers. Trop souvent, quand leurs forces les trahissaient l'âge venant, leur seule ressource était de mendier leur pain sur les routes, jusqu'à la fin solitaire : « épuisé par l'âge, la fatigue, la maladie, la misère, il ne trouve plus de domaine, et meurt dans quelque cabane, dans un séchoir à châtaignes où on l'a laissé se loger par charité. » Quand les choses ne sont pas encore plus tragiques : « un matin on trouva la Mathive (une ancienne domestique) morte sur un chemin entre Martillat et Prisse, et à moitié mangée par les loups. » En effet, si la société rurale est solidaire, elle n'est pas tendre : "celui qui ne travaille pas ne mange pas", avait-on coutume de dire. Ce n'est pas par méchanceté. Simplement, l'argent est rare, la vie est rude, on ne peut guère se permettre d'entretenir des bouches inutiles : il ne faut rien gaspiller pour pouvoir augmenter la propriété de « tel champ convoité pendant vingt ans, acquis au moyen d'économies empilées sou par sou, et d'autant plus aimé qu'il coûta plus de privations longtemps accumulées… »

Laitiers ambulants : l'un transporte le lait dans une carriole, l'autre porte le bidon sur son dos.

Et puis, naître, vivre et mourir, c'est la loi de la nature, avec laquelle on vit en direct. La sensiblerie n'est pas de mise : sacrifier un animal est un geste nécessaire, qu'il faut savoir accomplir si l'on veut manger de la viande, un geste aussi banal que d'abattre un arbre pour son bois, couper une salade, cueillir un fruit...

Cette société à la fois rassurante et routinière n'évolua guère jusqu'au début de ce siècle. La première mutation d'ampleur nationale fut l'arrivée du chemin de fer jusque dans les villages, avec le développement rapide d'un incroyable réseau secondaire. Aujourd'hui presque totalement disparu, ce réseau, dont on a peine à imaginer l'ampleur, desservait jusqu'aux hameaux des vallées montagnardes. Soudain, il n'était plus utopique d'aller et revenir à la ville dans la journée, de vendre sa production dans tout le département et au-delà, voire jusqu'à Paris. À l'inverse le train emportait ceux qui espéraient trouver ailleurs un travail moins pénible et plus rémunérateur, et apportait des produits manufacturés bon marché, qui concurrençaient les activités arti-

sanales ou les petites industries locales. C'en était fini de l'autarcie rurale : désormais, on pouvait envisager de produire pour vendre sa récolte, et non pour se contenter de la consommer en famille.

Le deuxième bouleversement, dont nos campagnes ne sont jamais relevées, fut le déclenchement de la

Première Guerre mondiale. Subitement, l'agriculture se trouva privée de bras, de tous les bras de millions de jeunes hommes envoyés au front. La guerre fut déclarée le 28 juillet 1914 : la date est d'importance, car elle tombait précisément entre la fin des moissons et le début des battages. Il fallut faire face tout de suite à la situation, et comme ne restaient que les vieux, les femmes et les enfants, se résoudre à utiliser toutes les machines agricoles disponibles. On sait que la guerre, qui devait être "fraîche et joyeuse", dura quatre ans, fit des millions de victimes, morts et disparus, amputés, mutilés et gazés inaptes à vie au travail... La mécanisation devenait indispensable pour reprendre l'exploitation de la terre. Dans la brèche ouverte dans les mentalités par l'acceptation de ce premier progrès technique s'engouffrèrent progressivement tous les autres : l'électricité, la radio, l'automobile, l'eau courante, plus tard la télévision et le téléphone, aujourd'hui l'ordinateur...

Collier à âne

Ainsi s'est façonné le visage contrasté, presque paradoxal, de la France rurale contemporaine, où la modernité matérielle se mélange étrangement à la persistance des traditions, où le four à micro ondes côtoie l'ancienne cheminée, où l'on trait encore quelquefois les vaches à la main, mais le casque d'un baladeur sur les oreilles, où la stéréo déverse dans la cabine climatisée du tracteur l'émission en patois d'une radio locale... Où, sortis du purgatoire des greniers, les objets d'hier, qui ne servent plus jamais, sont fièrement exposés à leur ancienne place : lampes à pétrole, batterie de cuisine en cuivre, antique fusil à piston du grand-père braconnier...

Onglet "protège-doigts" de moissonneur.

Et l'on mettra un point d'honneur à vous expliquer "à quoi ils servaient", à vous raconter "comment c'était avant". Car tous ces objets ont leur histoire, que l'on vous confiera avec plaisir, en idéalisant un peu, bien sûr. Et, à votre tour, vous vous mettrez à envier cette vie disparue, « le labeur à soi seul sous le clair soleil, l'air pur, la nourriture frugale mais saine, la maison rustique où la famille vit seule, et la liberté qui est le sel du travail. »

Ces objets, les voici, dans toute leur authenticité. Quant aux histoires dont ils gardent les traces, nous avons choisi de les évoquer à travers des documents anciens où l'on retrouve les hommes et leurs gestes, ainsi que par des citations d'écrivains ayant vécu cette vie traditionnelle. Si nous avons privilégié Eugène Le Roy (1836-1907), en reprenant des extraits de ses deux chefs-d'œuvre, Jacquou le Croquant et Le moulin du Frau, et d'un ouvrage peu connu, L'année rustique en Périgord, c'est qu'il nous offre un témoignage tout à fait unique sur nos campagnes avant l'irruption de la machine. Observateur attentif, fin connaisseur de la réalité économique agricole de par sa profession de percepteur et inlassable défenseur des humbles, il a inséré dans ses écrits de véritables reportages sur la vie rurale et les travaux agricoles. Ce sont ces passages que nous avons souhaité vous faire découvrir.

Broc à traire ariégeois

Moule à beurre en bois (ouvert)

Tabatière de berger en écorce de bouleau décorée de motifs pyrogravés

DU BLÉ AU PAIN

Labours et semailles

Moisson et battage

Meuniers et fariniers

Le four et le boulanger

Bases de la nourriture traditionnelle, le blé et le pain sont chargés de profondes valeurs symboliques, associées au cycle même de la vie. Le grain enfoui en terre nourricière, qui se réveille pour renaître au centuple, a toujours semblé à l'homme être le messager des forces cosmiques qui régissent le cours de son existence. On sait également que la toute première agriculture fut celle des céréales. Avant l'avènement de la mécanisation, moisson et battage rassemblaient tout le village, chacun son tour prêtant main-forte à l'autre. C'est à l'occasion de ces travaux pénibles et urgents que la notion d'entraide communautaire était la plus évidente. Et si chacun savait faire son pain, il fallait tout de même en passer, pour transformer le grain en fine farine, par le premier industriel de tous les temps : le meunier, maître des vents et des courants.

Labours et semailles

Avec l'automne vient le temps de labourer, du latin *labor*, travail, car le labour est le travail par excellence. « Dans la brume épaisse du matin, le laboureur pousse ses bœufs lents sur le sillon droit. On ne le voit pas, on entend seulement ses excitations câlines ou colères parfois : "*Ane* (avance) Chabrau... Ha ! ha ! Rouge ! Fauve ! " Cela produit une impression étrange, cet attelage invisible et cette voix d'homme, assourdie par le brouillard, qui semble venir on ne sait d'où [...].

Cependant, peu à peu, la brume devient moins opaque, et, encore voilés d'une légère buée, l'homme et les bœufs à la charrue s'entrevoient vaguement en des contours indécis, comme une apparition rustique sortant du tréfonds de la terre.

Puis, vers la dixième heure, le soleil montant dans le ciel, achève de fondre les brouées laiteuses, et les bœufs roux, accouplés au joug, se voient nettement, soufflant dans l'air encore frais une vapeur épaisse par leurs naseaux dilatés. Leur mufle humide luit ; et par leur cou tendu sous l'effort tirent l'araire au coutre luisant, qui s'avance lentement, fendant la terre en amour, et laissant derrière elle les poules de la borderie (métairie) cherchant les vers dans les mottes retournées.

Au bout du champ l'homme arrête ses bœufs le nez à la haie et les laisse souffler. Lui, soulève l'araire et, de la douille aplatie de son aiguillon, cure le soc et l'oreille, de la terre adhérente.

Ayant fait, il se campe, regarde en arrière les sillons fumants et semble supputer le rendement futur... Puis il crache dans ses mains, empoigne le mancheron, commande ses bœufs à virer et recommence une autre raie. »

L'araire est cette charrue très simple venue du fond des âges, à un seul mancheron, et réalisée entièrement en bois à l'exception du soc. Les cultivateurs fabriquaient souvent eux-mêmes leurs araires, les trouvant ainsi plus à leur main, ce qui leur prenait tout au plus quatre à cinq heures de travail. Le forgeron du village, lui, confectionnait les lames de fer à la demande.

La charrue, plus puissante avec son avant-train à une ou deux roues et ses deux mancherons, permet un labour plus en profondeur, mais exige aussi des animaux plus vigoureux pour la tracter. Le modèle le plus répandu et

Araire – bois et fer

Légère, facile à construire et à entretenir, l'araire est la plus ancienne charrue du monde. En revanche, elle ne fait qu'égratigner le sol. Son usage a progressivement disparu avec la généralisation des labours profonds.

Longueur : 250 cm

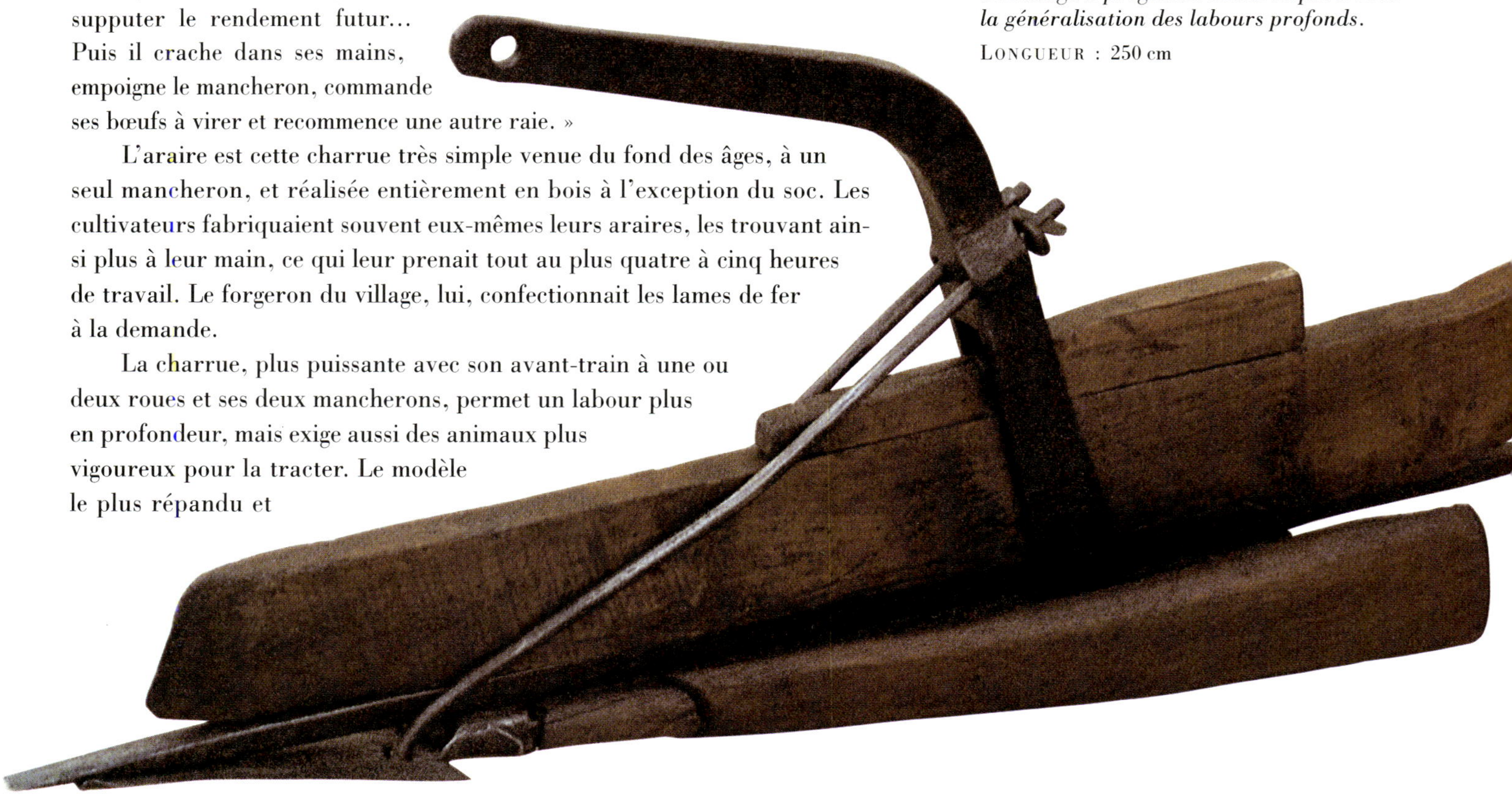

Civière à fumier – bois

Utilisée dans les régions montagneuses pour transporter à bras le fumier de la ferme jusqu'aux champs.

DIMENSIONS : 150 x 60 cm

Semoir ou récipient à semer – fer-blanc

Plus pratique que le tablier relevé en poche ou le panier tenu au bras gauche, ce semoir ventral date de la fin du siècle dernier.

Sous-soleuse – Acier et bois

Ce type de charrue polysocs permet des labours rapides et travaille le sous-sol sans le ramener à la surface.

DIMENSIONS : 175 x 110 cm

Caisses de bât – bois – et bât – bois, cuir et cordes

Ces caisses amovibles étaient utilisées pour le transport du fumier ou de la terre.

DIMENSIONS : 150 x 45 cm

le plus apprécié dans nos campagnes était la charrue Brabant, stable, robuste, facile à diriger et procurant un travail régulier. Des Brabant de tous modèles ont été employés dans toute la France, depuis les plus légers à un cheval, deux vaches ou deux bœufs, jusqu'aux plus puissants à quatre ou cinq chevaux ou six à huit bœufs.

Si les chevaux, ânes et mulets sont attelés au moyen du classique collier, qui permet à l'animal de tirer avec les épaules, les bœufs sont attelés par paire au moyen du joug, qui réunit les animaux pour additionner leurs forces. Il a existé des jougs pour un seul bovin, mais ils sont rares.

Placé sur la nuque des bêtes immédiatement derrière les cornes, le joug s'assujettit par deux courroies qui enserrent le front des animaux. Pour bien maintenir les cornes, le joug est taillé de façon à les emboîter à la base. Le front de chaque animal est protégé du frottement des courroies par un petit coussin. Lier les bœufs – ou les vaches – demande beaucoup d'adresse. De plus, avec ce genre d'attelage, chaque animal d'une paire doit conserver invariablement sa place à droite ou à gauche, on ne peut le déplacer sans un nouvel et long apprentissage. La perte d'une corne est catastrophique, car elle rend l'animal inapte à travailler sous le joug.

L'équipement de l'attelage de bœufs est complété par les muselières, qui les empêchent d'abîmer les vignobles et les vergers en broutant les jeunes pousses dont ils sont friands, et d'un sac de toile ou d'un filet de coton tressé, qui leur protège la tête et les yeux du soleil et des mouches. Le bouvier, lui, ne se sépare pas de son aiguillon, qui, contrairement à son nom, ne sert surtout pas à piquer les bêtes, mais à les diriger en les touchant du plat du fer, ainsi qu'à nettoyer le soc de la charrue et à écarter les herbes et les ronces.

Après le labour, il faut émotter pour combler les trous où se perdraient les semences, et rendre au sol son homogénéité. La méthode la plus ancienne consiste à briser les mottes au maillet, puis à ratisser le champ. Travail pénible et fastidieux, remplacé au XIXᵉ siècle par l'usage du rouleau, en bois ou en pierre, suivi par le passage de la herse. Un peu plus tard apparaîtra le rouleau-herse, qui accomplit les deux opérations en un seul passage.

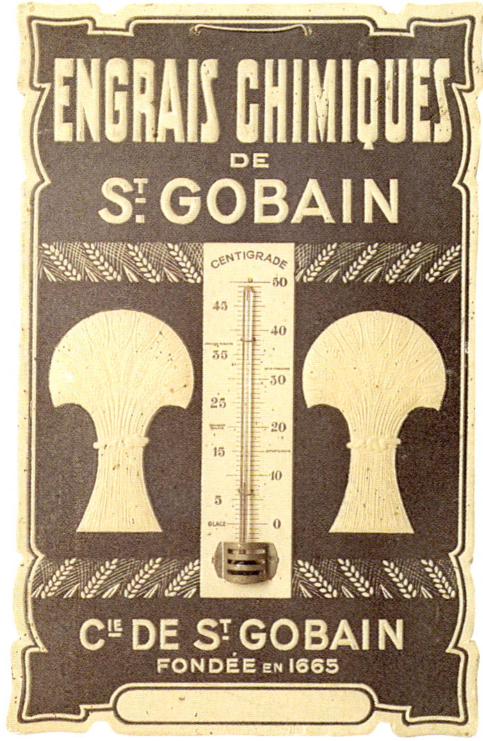

Plaque publicitaire Saint-Gobain – carton, thermomètre – verre et métal

Une des multiples réclames du début du siècle pour les engrais chimiques. Celle-ci associe, de manière intéressante, la confiance ("depuis 1665"), la promesse d'une belle récolte (les gerbes) et la météo (le thermomètre).

DIMENSIONS : 25 x 35 cm

Rouleau à pointes – bois et fer

Un des premiers instruments combinés, il effectuait en un seul passage le travail de la herse et celui d'un rouleau, avec une excellente efficacité.

DIMENSIONS : 240 x 75 cm

Herse double – bois et fer

La traction s'effectuait par l'intermédiaire de chaînes fixées aux deux crochets.

DIMENSIONS : 340 x 75 cm

Herse bois pour âne ou mule

Petite herse maniée comme une charrue, spécialement conçue pour les petits champs étroits.

DIMENSIONS : 315 x 62 cm

Rouleau plombeur – bois et fer

Taillé dans un tronc d'arbre, ce modèle ancien a été ensuite remplacé par des modèles de conception similaire, mais à rouleau de fonte.

DIMENSIONS : 250 x 75 cm

Joug pour chevaux – bois, fer et cuir

Bel exemplaire de joug pour deux chevaux et un seul timon (passé dans l'anneau central) On distingue nettement les deux coussinets destinés à protéger le crâne des chevaux.

DIMENSIONS : 119 x 79 cm

Ainsi préparé, le champ est aussitôt ensemencé. Semer régulièrement à la volée exigeait beaucoup d'expérience, et les bons semeurs étaient rares. Dès le milieu du XIXe siècle, les semoirs mécaniques commencent à se répandre en France. Les semoirs en lignes ou en rayons déposent les graines sur le sol, en lignes parallèles. D'autres modèles de semoirs enterrent simultanément la graine, dispensant du passage de la charrue ou de la herse après les semailles. Mais, si l'efficacité est au rendez-vous, l'image est moins belle que celle du geste traditionnel : « Dans l'après-midi, la terre étant bien émottée, l'homme sème son blé. À même le panier passé dans la saignée du bras gauche, il prend la semence chaulée, et avançant d'un mouvement presque mécanique, il lance le grain en fauchant, d'un jet brusque et mesuré. Derrière lui, les autres de la maison, femmes et tout, achèvent d'ameublir la terre avec la pioche et recouvrent le grain à l'ancienne mode, ou bien la herse traînée par les bœufs l'ensevelit. Toute cette semence tombe en bonne terre, bien fumée, et pourtant, malgré l'Écriture, elle ne lèvera pas toute.

Les insectes, les rats des champs, et les oiseaux de l'air en mangeront une partie. Le paysan le sait, mais cela ne l'arrête pas. Conformément au vieux dicton : "Il ne faut pas laisser de semer pour la crainte des pigeons", il continue d'un pas régulier et avance toujours. » Tel est "le geste auguste du semeur". Mais à ce cliché cent fois rabâché, nous préférons cette définition, classique des mots croisés, du verbe semer : "croire en l'avenir".

Ombiet
Tresse de cuir ou de nerf de bœuf à poser sur un joug à bœuf ou à vache afin d'y introduire le timon des instruments à tracter.
DIAMÈTRE : 25 cm

Joug à 1 tête – bois et fer
Rare spécimen de joug pour attelage avec un seul bœuf ou une seule vache.
LONGUEUR : 75 cm

Collier de cheval – bois, cuir et métal

Ce collier très décoré était plus particulièrement employé par les rouliers, ancêtres des transporteurs routiers, qui employaient généralement des attelages de plusieurs chevaux.

DIMENSIONS : 134 x 88 cm

Collier à âne – bois, cuir et métal *(page de gauche)*

Classique collier de traction.

LONGUEUR : 60 cm

Moisson et battage

Qu'ils sont beaux, ces champs de blé semés d'éclatants coquelicots, émaillés de pieds-d'alouette et de bleuets… « Le paysan, lui, ne voit pas avec plaisir toutes ces fleurs qui font la joie des petites citadines aux champs ; ce sont de mauvaises herbes. Enfin la récolte est mûre, les moineaux pillards s'abattent par volées sur les épis qui laissent échapper des grains dorés ; […] il est temps de prendre la faucille en main.

Cela presse, car en cette saison, la grêle a tôt fait de tout emporter. Lorsque le temps devient lourd, l'horizon noir, que le tonnerre gronde au loin, que le vent pousse l'orage sur la contrée, le paysan inquiet regarde le ciel et les nuages qui accourent comme une troupe de cavales échevelées. Le voici près. Dans une atmosphère étouffante les blés fauves se courbent sous la tempête, et bientôt au milieu des éclairs et du fracas de la foudre la pluie tombe à torrents. Heureux lorsqu'il n'y a que de l'eau, des blés versés, et que la grêle ne moissonne pas en un instant l'espoir du laboureur ! » Pour détourner l'orage, on sonne la cloche, on demande au curé de réciter les prières conjuratoires, on fend une bûche, on jette du sel dans le feu, on y brûle le bouquet bénit le jour de la Fête-Dieu ou des herbes de la Saint-Jean… Bref, autant dire qu'on ne sait littéralement plus à quel saint se vouer. Ces dernières années, on tirait des fusées paragrêles, dont l'explosion en altitude était censée anéantir les grêlons : attitude plus scientifique, mais d'une efficacité tout aussi aléatoire…

Liadou ou bâton à lier les gerbes – bois

Cet instrument servait à nouer, d'un geste du poignet, le lien de paille des gerbes.

Longueur : 42,5 cm

Tonnelet "barricot" dit de moissonneur bois et fer

Facile à transporter et à suspendre grâce à son anse, on l'amenait avec soi dans les champs.

Longueur : 21 cm

Faucille – bois et fer

De type classique, encore utilisée à la campagne pour couper l'herbe destinée aux lapins.

Longueur : 63 cm

Moisson à la moissonneuse-lieuse (vers 1920-1930) : deux hommes suffisent à accomplir, plus vite, le travail de l'équipe de moissonneurs à la faucille (page précédente). La machine est de marque américaine, pays qui avait alors une énorme avance en ce domaine.

Faux armée, dite aussi faux à râteau ou fauchon bois et acier

Ce type de faux, surtout utilisée pour la moisson, permettait, d'un seul et même geste, de faucher le blé et de le rabattre en javelles régulières.

LONGUEUR : 145 cm

Onglet – bois

Enfilé à la main gauche, il servait à rabattre les épis vers la faucille manipulée de la main droite, tout en protégeant les doigts des moissonneurs.

LONGUEUR : 14.5 cm

Râteau à blé – bois

Râteau rustique à dents très espacées pour ne pas abîmer les épis. Le manche est fait d'une branche courbe.

LONGUEUR : 170 cm

Bâton tressé pour attacher les gerbes – bois et cuivre

D'usage identique au "liadou" de la page précédente.

LONGUEUR : 105 cm

Mais la meilleure assurance contre l'orage est encore de moissonner sans perdre une journée. « Dès l'aube on se rend au travail, hommes et femmes, manque l'aïeule, la "grande", qui reste à la maison pour faire la soupe et la pitance.

C'est un terrible travail que la moisson. Être tout le jour plié en deux, la tête en bas, sous le soleil qui brûle l'échine, "crâme" les bras, le cou, et respirer l'air embrasé que la terre renvoie à la figure comme la gueule d'un four, c'est dur, très dur.

Et puis, dans le chaume, il y a des herbes rêches, des chardons qui piquent, en sorte que les mains cuisent [...]. La journée est longue de quatre heures du matin à sept heures du soir. »

Mais pourquoi moissonner à la faucille alors que la faux semble beaucoup plus adaptée ? Et qu'un faucheur abat plus du double de la besogne d'un faucilleur très adroit ? À cela, bien des raisons (ou prétendues telles) : légère, la faucille peut être maniée par un vieillard, une femme, un enfant. D'autre part, la faux travaille à ras du sol et donne une secousse plus violente que la faucille aux épis : s'ils sont très mûrs, elle les égrène considérablement. Elle coupe beaucoup plus de mauvaises herbes et ne laisse qu'un chaume très court, qui expose plus la terre au soleil et à la sécheresse. Si on enterre le chaume, il y a moins d'engrais. Si on le fait manger par le bétail, il y a moins à manger...

Lisse – bois et fer

Compromis entre le rouleau à dépiquer et le tribulum, ce rouleau en bois se prolonge par un traîneau garni de lames de fer pour égrener le blé.

DIMENSIONS : 85 x 100 cm

Rouleau à dépiquer – pierre, armature fer

Pour égrener les gerbes de blé disposées sur l'aire de battage.

DIMENSIONS : 90 x 105 cm

Pelle à grain – bois

Elle avait deux utilisations : retourner régulièrement le grain dans les greniers pour favoriser le séchage, et remuer le blé de semence dans un bain de vitriol ou de chaux pour le protéger des parasites. Cet exemplaire porte encore des traces nettes de vitriol.

LONGUEUR : 130 cm

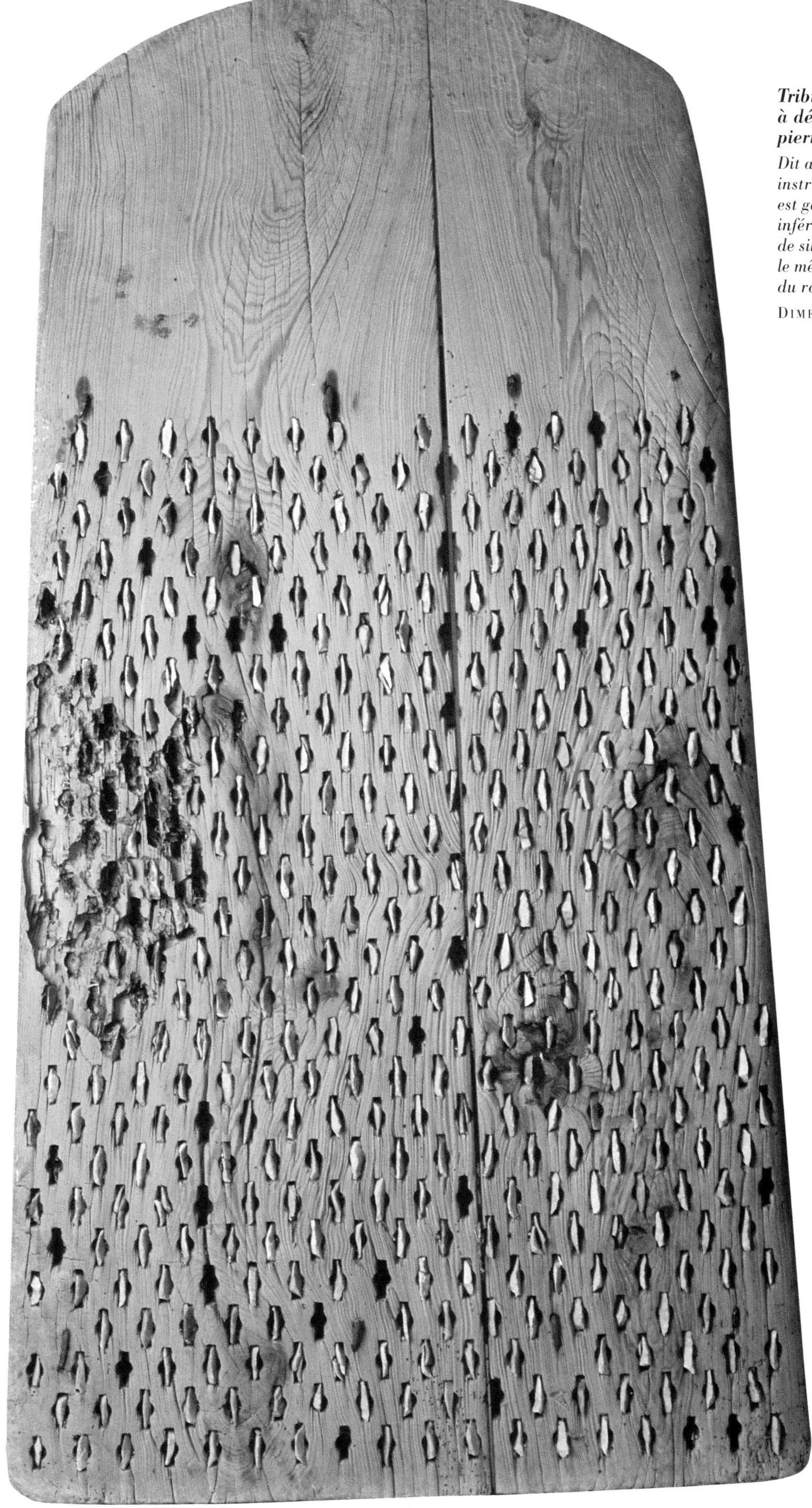

Tribulum ou traîneau à dépiquer – bois et pierre

Dit aussi "trillo", cet instrument très ancien est garni, sur sa face inférieure, de lames de silex. Son usage est le même que celui du rouleau à dépiquer.

DIMENSIONS : 155 x 75 cm

Mais, progressivement, la faux va s'imposer, tout au moins dans les grandes exploitations de plaine, avant d'être supplantée par les premières moissonneuses vraiment efficaces, vers 1860 (les premiers modèles, encore archaïques, étaient employés dès 1830). Il n'y a plus qu'à ramasser les javelles de blé fauché et les lier en gerbes, opération qui sera elle-même supprimée par les moissonneuses-lieuses.

Une fois la moisson achevée et les gerbes rentrées à la ferme par grandes charretées, et maintenant bien à l'abri, il est temps de penser à fêter l'événement, en s'attablant pour un beau et long repas, la Gerbe Belle (ou Gerbe Baude dans le Sud-Ouest) : « Le jour de la Gerbe-baude, on est content, et l'on mange de bonne soupe grasse, et des poulets en fricassée, et de la daube, sans laquelle il n'y a pas de bonne Gerbe-baude ; et aussi on boit de bons coups de

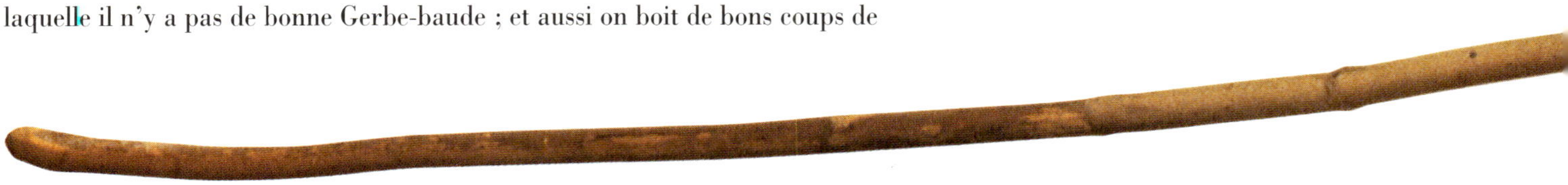

vin, pour dédommagement de toute l'eau qu'on a bue en coupant le blé. » Mais le repos sera de courte durée : il faut profiter de l'été et ne pas tarder à séparer le grain de la paille, selon deux procédés, le battage ou le dépiquage. Dans les deux cas, par une belle journée sereine et sèche, les gerbes sont entassées sur l'aire de terre battue, ou pavée de cailloux, et soigneusement balayée.

Pour dépiquer, plusieurs méthodes sont utilisées selon les régions. La plus ancienne remonte directement à l'Antiquité. Pratiquée en Provence et dans la campagne romaine, elle consiste à faire piétiner les gerbes par les sabots d'une troupe de chevaux et de mulets. Dans le Sud-Ouest, on préfère le rouleau à dépiquer en pierre, tiré par des chevaux ou des bœufs que l'on fait tourner sur l'aire. Ailleurs, on rencontre un traîneau très primitif, large planche de bois garnie de lames de silex, tiré par des animaux et sur lequel se juche le conducteur pour peser de tout son poids.

Pour le battage proprement dit, on emploie le fléau, qui sert à battre la paille une fois le dépiquage accompli. Cependant, certains emploient également le fléau pour dépiquer : « Malgré l'introduction des machines à battre dans certaines contrées plainières du Périgord, on dépique encore beaucoup au fléau. Cet outil, au nom symbolique de grande calamité publique, est dur à manier et fait des battaisons un travail aussi pénible que la moisson. Sur le "sol" (l'aire) où tombe un lourd soleil d'août, il faut manœuvrer rapidement et avec effort le fléau, en pliant et redressant activement les reins. [...] Sur la paille engrainée, les verges des fléaux s'abattent l'une après l'autre par coups cadencés, pressés, crépitants et font voler le grain. » La batte d'un fléau pèse en effet entre un kilogramme et demi et deux kilogrammes. Elle est généralement de forme cylindrique pour ne pas trop écraser le grain.

De tels procédés étaient vraiment trop primitifs pour ne pas être mécanisés précocement. Vers 1830, en même temps que les mois-

Battadère à battre le blé ou le seigle – bois

Cet instrument servait à battre le blé sans plier la paille destinée aux toits de chaume.

DIMENSIONS : 110 x 62 cm

Fléau à battre le blé – bois, cuir et corde

Fléau classique à lourde masse cylindrique.

LONGUEUR : 130 cm

Scène typique de battage au fléau, vers 1890 en Périgord. L'aire à battre n'est autre que la place du village.

Gerbe de blé

La gerbe est liée avec une poignée de tiges de blé.

sonneuses, apparaissent les premières batteuses mécaniques à bras ou mues par un manège d'animaux. Avec deux personnes ou un petit cheval, voire un âne, on peut déjà battre cent cinquante livres de grains à l'heure. Des machines plus puissantes sont entraînées par une trépigneuse, sorte de tapis roulant incliné sur lequel marchent inlassablement un ou deux chevaux. Mais dès 1860, la batteuse à vapeur devient d'usage courant. Les premières intégraient sur un même châssis la chaudière, le moteur à vapeur et la batteuse mécanique proprement dite. Ensuite, les machines dites "à grand travail" étaient entraînées par une puissante machine à vapeur indépendante, la locomobile. Ce matériel était loué à la journée et nécessitait une équipe d'une vingtaine d'hommes pour le mettre en œuvre. À son tour, la locomobile fut remplacée par des moteurs à explosion, plus faciles à déplacer de ferme en ferme, avant que le battage lui-même ne disparaisse, les modernes moisonneuses-batteuses effectuant les deux opérations simultanément.

Une fois battu, le grain était ensuite vanné pour le débarrasser de la balle. De sa pelle, le vanneur lance le grain et sa balle, et le vent fait le tri. On se servait également des vans en osier, utilisés de la même façon. Là aussi, la mécanisation apporta très vite le tarare, astucieuse petite machine à vanner par un courant d'air artificiel obtenu à l'aide d'une simple manivelle.

Mais, dans certains cas, il fallait séparer le grain tout en conservant la paille entière et sans l'écraser. C'était le cas de la paille de seigle, employée pour les toits de chaume, par les bourreliers, ou pour fabri-

Crible à suspendre – bois, fer et cuir

Ce crible alliait le principe du tri par la force centrifuge à celui du van et à celui de la passoire. Garni de blé, on enroulait les lanières de cuir sur elles-mêmes. En se déroulant rapidement, le van tournait sur lui-même. La balle était emportée par le courant d'air, les particules lourdes (cailloux) étaient chassées vers les parois extérieures, les poussières de terre tombaient par les mailles.

DIAMÈTRE : 80 cm

Van – osier

Très beau travail de vannerie. Le grain, une fois battu, était amassé dans le van, secoué à l'aide des deux poignées. La balle, très légère, était emportée par le vent. La méthode, efficace, se révélait cependant longue et fastidieuse.

LONGUEUR : 70 cm

quer des paillassons. On battait donc le seigle avec des fléaux légers, tout en disposant les gerbes “en toiture” sur l’aire de manière à ce que les coups soient amortis.

Moissonnés, battus, vannés, les grains peuvent enfin être engrangés. Mais le travail n’est pas achevé pour autant : « Après battage, les graines par grands sacs étaient remises au grenier, le tas mouvé chaque semaine à la pelle de bois afin que l’humidité du ciel qui entrait par dessous les chevrons ne fît pas s’imbiber, s’échauffer la récolte. Là placées des nasses de grillage appâtées d’un bout de lard pour attraper les rongeurs qui montaient par les murs. Il y avait encore les insectes, leur ouvrage sournois, de l’intérieur. »

Mesure à grain – bois et fer

Utilisée en particulier pour attribuer à chacun la part de grain qui lui revient (métayer, propriétaire, meunier…)

DIAMÈTRE : 43 cm

Meuniers et fariniers

D'où vient notre fascination pour les moulins à vent, alors qu'ils étaient les plus rares dans notre pays – à peine un sur six ? À leurs allures de grands voiliers échoués au milieu des terres ? À leur capacité de dompter les caprices des vents et à les transformer en énergie ? Aujourd'hui, le moulin à vent étonne et passionne, tandis que son cousin plus pataud, le moulin à eau, se voit au mieux transformé en maison de campagne.

Les moulins à vent ont en général quatre ailes, mais il a existé aussi des moulins à six, huit ou douze ailes, plus fréquents autour de la Méditerranée. Une aile peut mesurer jusqu'à douze mètres, l'envergure du moulin atteignant alors vingt-quatre mètres, soit six étages. Dans le Nord de la France, la distance entre les ailes et le sol est d'un mètre cinquante. En Provence, elle se réduit à trente centimètres : un proverbe local dit plaisamment que le moulin « épargne la poule mais pas le chien » !

Mesure à grain plate – bois et fer
Belle mesure à grain, datée 1788.

Cheval de moulin – bois et crin

Pièce animée d'un mouvement de bascule et intercalée entre la trémie à grain et les meules. Ce dispositif avertisseur cessait son "galop" sonore lorsque le grain ne coulait plus dans l'extrémité en forme de cuiller, prévenant ainsi le meunier de la nécessité de débrayer les meules.

LONGUEUR : 82 cm

Balance de meunier – fer

Datée 1746, cette robuste balance servait à peser les sacs de grains ou de farine.

DIMENSIONS : 156 x 104 cm

Lunettes de piqueur – verre et métal

Indispensables pour protéger les yeux des éclats de silex lors du piquage – ou rhabillage – des meules. Pour redonner son mordant à la meule, le piquage exigeait plusieurs opérations de taille successives, chacune utilisant un profil de marteau différent.

Marteau à piquer les meules à 2 pics bois et fer

Longueur : 40 cm

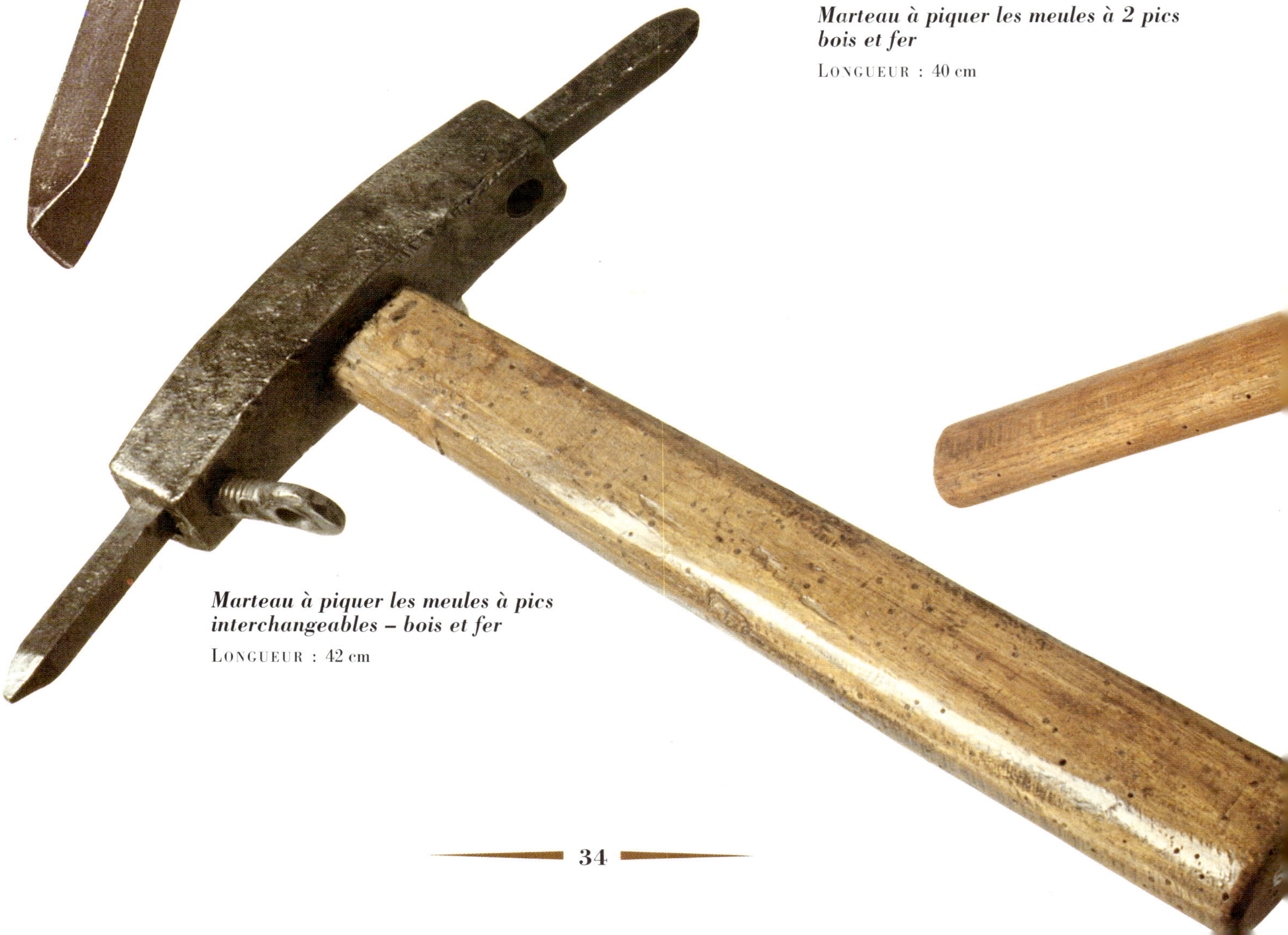

Marteau à piquer les meules à pics interchangeables – bois et fer

Longueur : 42 cm

Marteau à piquer les meules à gros pic plat bois et fer
LONGUEUR : 54 cm

Les ailes servent aussi à communiquer : arrêtées en croix de Saint-André et ornées de fleurs, noce ; en croix de la Rédemption et détoilées, décès du meunier. Ces codes sont bien connus dans le pays.

Le meunier était payé en nature, en prélevant ordinairement un cinquième du grain moulu. Mais on le soupçonnait d'arrondir discrètement ce salaire, tout en considérant qu'un prélèvement de trois poignées par petit sac restait acceptable. Il avait aussi la réputation d'être un joyeux luron fort entreprenant : les chansons populaires parlent de la Marion « qui s'en va au moulin et s'en revient l'échine toute blanche de farine »...

À eau ou à vent, tous les moulins fonctionnent selon le même principe : une meule tournante (ou courante) entraînée par l'arbre de transmission, est superposée à une meule dormante (ou gisante). Le grain coule depuis une trémie entre les deux meules où il est broyé. Cette mouture est ensuite blutée, pour dégager la farine du son et du gruau .

Marteau à piquer les meules à 1 pic bois et fer
LONGUEUR : 30 cm

Très inflammable, la poussière de farine est un danger permanent. Les meules, en silex meunier ou « pierre meulière », sont lubrifiées par le grain. Mais qu'elles tournent à sec, les étincelles vont jaillir et adieu moulin ! Un signal d'alarme, grelot ou cheval de moulin, prévient donc de l'arrêt de l'écoulement du grain.

Le four et le boulanger

« Mon père, revenu de la grange où il avait été soigner les bœufs, avait tiré de la maie une grande tourte plate de pain de méteil, seigle et orge [...] et, après avoir fait une croix sur la sole avec la pointe de son couteau, se mit à l'entamer. Mais c'était tout un travail : cette tourte était la dernière de la fournée faite il y avait près d'un mois, de manière qu'elle était dure en diable, un peu gelée peut-être, et criait fort sous le couteau, que mon père avait grand-peine à faire entrer. » Ce signe de croix symbolise l'antique dimension religieuse du pain. N'est-il pas le résultat de l'entente harmonieuse des quatre éléments de la Création, la terre et l'eau, l'air et le feu ? N'est-il pas dit « Tu gagneras ton pain à la sueur de ton front » ?

Ce pain était hier d'autant plus sacré qu'on le faisait soi-même, avec la farine de sa propre récolte. Chacun connaissait, dans son corps, la somme d'efforts nécessaire à produire la moindre miette, le gaspiller était vécu comme une insulte. Selon les régions et les traditions, on cuisait le pain pour soi, à la ferme, ou l'on apportait la pâte levée au four communautaire du village. La responsabilité de la cuisson et de l'entretien du four était confiée au fournier, qui, plus tard, deviendra bien souvent boulanger.

Faire son pain est une besogne simple, mais le réussir demande de l'expérience, une solide force physique et un bon tour de main.

On commence par mélanger la farine avec le levain délayé dans l'eau froide, puis on ajoute le sel. Ensuite, il faut pétrir, travailler la pâte avec énergie, l'allonger, la replier, la frapper pendant vingt minutes au moins, pour lui faire emmagasiner l'oxygène nécessaire au développement des levures. La pâte devient enfin souple, élastique et ne colle plus aux mains. Après une heure de fermentation, elle va doubler de volume.

Balance à peser la pâte – fer

Longueur : 59 cm

Cure-maie – fer

Servait à racler la maie, ou pétrin, pour la nettoyer.

Longueur : 15 cm

Pelle à farine – bois

Belle pelle à manche, taillée dans une seule pièce de bois.

Longueur : 28 cm

Tamis à farine corps bois, toile de laiton

Pour débarrasser la farine des impuretés.

Longueur : 55 cm

Vers 1900, la livraison du pain de campagne avec une charrette à chien.

Réserve à farine – paille et ronce ou noisetier tressés

Avec son couvercle. L'essence de ronce avait, paraît-il, la vertu d'éloigner les rongeurs et les parasites. Ce type de vannerie était également utilisé comme réserve à grains.

HAUTEUR : 53 cm

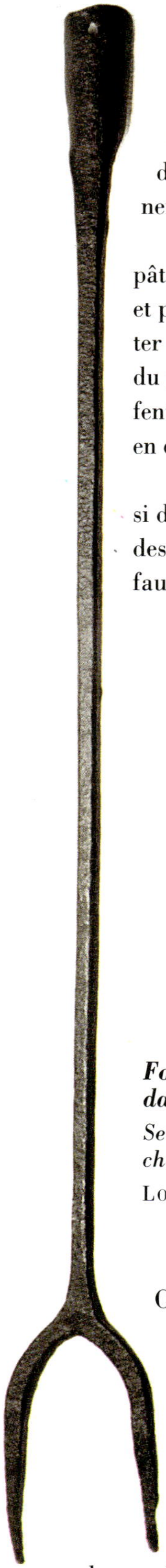

La pâte est alors divisée en pâtons, les futurs pains. On la travaille à nouveau pour diviser les bulles de gaz. Le pâton, bien saupoudré de farine, est déposé à l'envers dans un banneton. Couvert d'une toile, il va subir une deuxième fermentation pendant trois quarts d'heure. Il va à nouveau prendre du volume et il faut savoir l'enfourner au bon moment, avant qu'il ait atteint son complet développement.

Sur la pelle à enfourner, on renverse délicatement le banneton et le pâton se retrouve belle face dessus. On l'entaille, d'un coup de lame rapide et précis, jusqu'au tiers ou au quart de son épaisseur. Cette fente va faciliter et diriger la poussée gazeuse pendant la cuisson. La beauté et la qualité du pain en dépendent. Dans les fours communautaires, le tracé de cette fente va aussi servir à reconnaître les pains de chacun. Le pâton va cuire en cinquante à soixante minutes (temps moyen pour un pain d'un kilo).

Dans certaines régions où les fruits abondent, le four à pain sert aussi de four à gâteaux et à tartes. Cette utilisation complémentaire n'a que des avantages. En effet, à la fin de la chauffe, le four est trop chaud. Il faut le laisser abattre quelques minutes pour que la chaleur s'égalise.

Banneton – paille et ronce ou noisetier

Garnis d'une toile, les bannetons sont toujours utilisés pour faire lever la pâte en lui donnant la forme du futur pain.

LONGUEUR : 40 cm

Banneton long – paille et ronce ou noisetier

LONGUEUR : 70 cm

Fourche à rentrer les fagots dans le four – fer

Servait à entretenir le feu dans les fours chauffés au bois.

LONGUEUR : 105 cm

C'est le moment d'enfourner les gâteaux, qui vont servir de thermomètre : s'ils mettent plus de vingt minutes à cuire, le four n'est pas assez chaud, le pain cuira mal et restera pâle. À l'inverse, s'ils se colorent trop rapidement en trois ou quatre minutes, mieux vaut les retirer et laisser le four abattre encore. Douze à seize minutes de cuisson annoncent, en revanche, un four à point pour une belle fournée de pains. Ensuite, le four peut encore servir à cuire des brioches, puis, à température un peu plus basse, des meringues, et, douze heures environ après le pain, à faire sécher fruits et légumes.

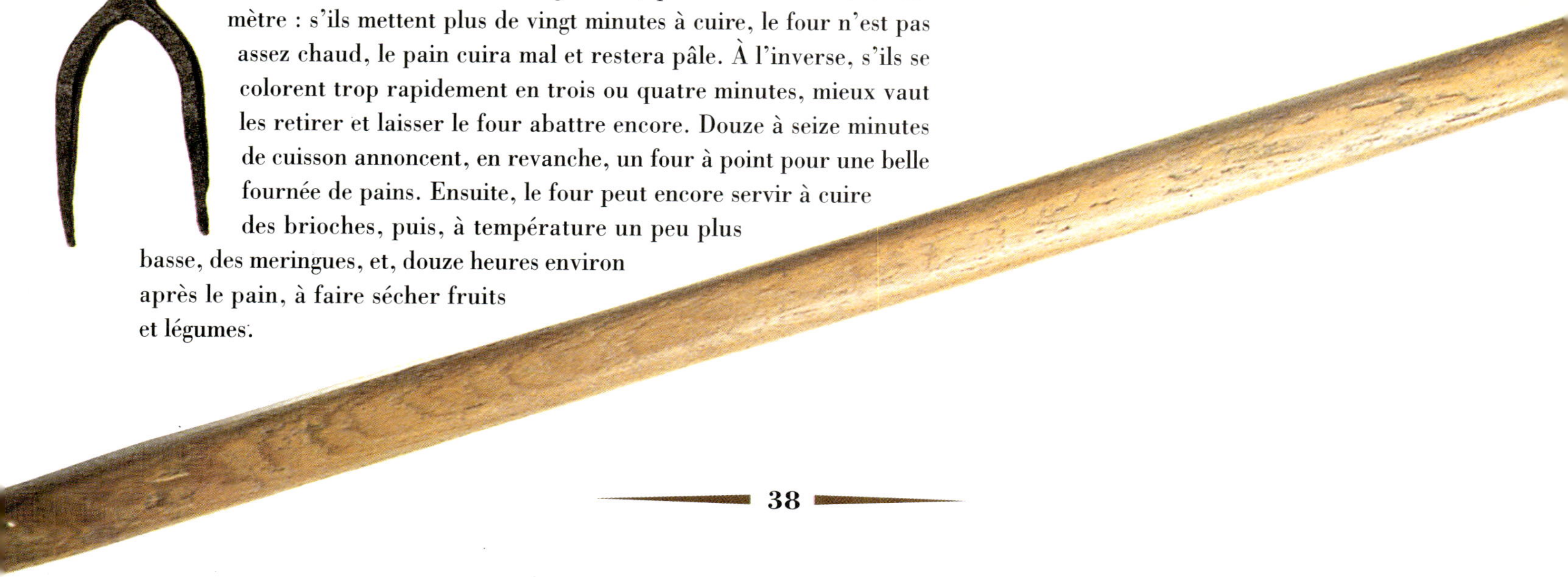

Banneton long – osier

LONGUEUR : 60 cm

Banneton rond – osier

Garni de sa toile, à cheminée centrale pour faire les pains en couronne.

DIAMÈTRE : 25 cm

Pelle à pain – bois

Pour enfourner les pâtons ou défourner les pains cuits. Le bois permet de manipuler la pâte et les pains sans les abîmer.

LONGUEUR : 210 cm

Porte de four – fonte

De telles portes représentaient un énorme progrès par rapport à la traditionnelle pierre plate, en conservant beaucoup mieux la chaleur. La rosace centrale, munie d'un disque rotatif, permet de surveiller la cuisson sans devoir ouvrir le four.

DIMENSIONS : 60 x 40 cm

DE LA VIGNE AU VIN

Libations funéraires de l'Antiquité, culte de Bacchus-Dyonisos ou vin de messe, le vin est l'un des éléments fondateurs de notre civilisation. Ce "sang de la terre" est, comme l'écrivait Ernest Hemingway, « une des matières les plus civilisées du monde, une des choses matérielles qui ont été poussées au plus haut degré de perfection, qui offre un plus large choix de jouissance et de satisfaction qu'aucune autre chose que l'on peut acheter à des fins purement sensorielles ». Sans l'exprimer avec autant de style, nos ancêtres savaient que le vin est un des plaisirs de la vie, et n'hésitaient pas à peiner longuement dans la rocaille pour avoir le bonheur de récolter les quelques barriques qui allaient égayer leur année. Avec, en prime, la satisfaction de ne rien laisser perdre, car la vigne ne s'épanouit que dans les sols où rien d'autre ne pousse.

La vigne et le vigneron

« La vigne reçoit un premier labour pendant l'hiver, puis un second à la sortie de l'hiver. Le premier pour chausser ou butter les souches, le second pour les déchausser. Ces labours sont peu profonds et remplacés quelquefois par un simple grattage du sol.

En été, on bine à une profondeur de 5 centimètres pour détruire les mauvaises herbes.

Ces opérations se font à bras, avec des houes et avec des instruments traînés par les chevaux.

Il faut, de plus, fournir des fumures dont la durée d'action est de trois ou quatre ans et les compléter par les engrais chimiques.

Aux soins du sol, viennent s'ajouter les soins particuliers donnés à la vigne elle-même pendant sa végétation.

Ce sont : l'ébourgeonnement ou enlèvement des bourgeons inutiles ; l'épamprage ou enlèvement des rameaux inutiles ; le pincement ou suppression de l'extrémité de certaines tiges ; l'effeuillage, etc. » À travers la sécheresse technique de ce passage d'un manuel d'enseignement agricole du début du siècle transparaît toute la complexité du travail de la vigne. Quant au *etc.* final quelque peu désinvolte, il fait bon marché de bien d'autres opérations : planter les piquets, retendre les fils de fer – la vigne n'est pas un arbuste, mais une liane –, lutter contre les maladies cryptogamiques, les parasites, greffer, tailler les ceps… et redouter par-dessus tout l'humidité, le froid, le gel, la grêle.

Le calendrier du vigneron épouse fidèlement le rythme des saisons. À l'automne, après la vendange, le moment est venu de procéder à un nettoyage général des sillons, puis au labourage d'automne pour aérer le sol. Ce labour doit être effectué de manière à ce que la terre recouvre et protège du froid le point de greffage.

L'hiver est la saison de la taille. On en profite également pour remplacer les piquets et les fils de fer.

Houe à vigne – fer

Utilisée tantôt pour sarcler toute une vigne, tantôt pour travailler le sol entre les ceps, là où la charrue n'atteint pas. Représentée non emmanchée.

LONGUEUR : 35 cm

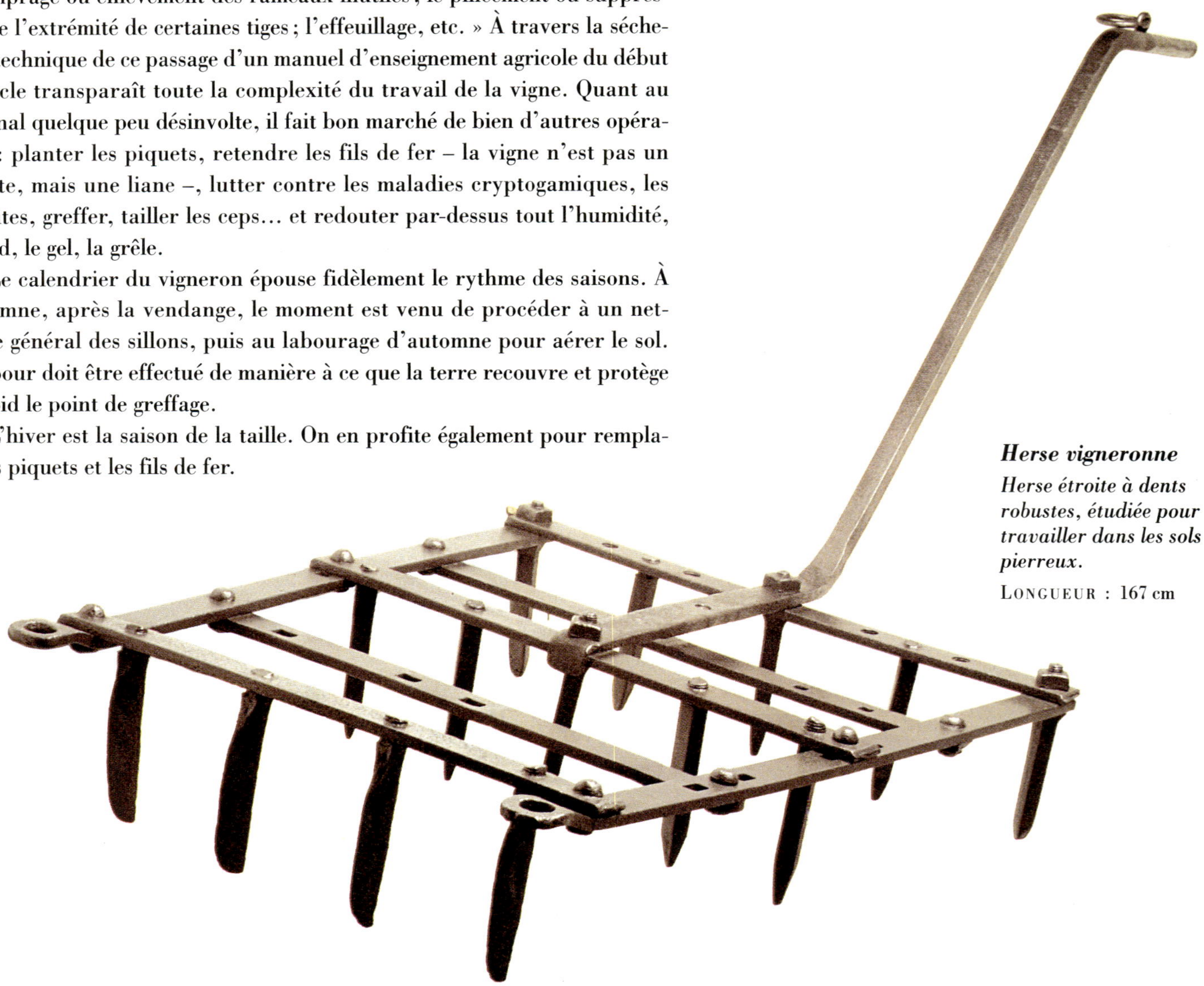

Herse vigneronne

Herse étroite à dents robustes, étudiée pour travailler dans les sols pierreux.

LONGUEUR : 167 cm

Charrue à décavillonner – fer et acier

Utilisée au printemps pour déchausser les ceps de vigne, protégés du gel hivernal par la terre retournée lors des labours d'automne.

LONGUEUR : 130 cm

Pal pour planter la vigne – fer et bois

Outil intermédiaire entre la bêche et la barre à mine, indispensable dans les terrains rocailleux.

LONGUEUR : 81 cm

Au printemps, un second labourage vient aérer de nouveau le sol et déchausser les ceps. Entre les plants, là où le soc ne peut passer, le sol est travaillé au râteau. Dès que les bourgeons apparaissent, il faut supprimer ceux qui sont en trop. De même, on élimine les repousses, rameaux poussant sur le porte-greffes. En avril ou mai, on procède à un troisième labour, et on procède à la plantation de nouvelles vignes pour remplacer celles qui sont épuisées.

Avec l'été vient le moment d'arracher les mauvaises herbes. En juin, on attache les sarments aux fils de fer. L'osier traditionnellement employé s'est vu progressivement détrôner par le raphia, tiré d'un palmier d'Afrique, et qui s'est répandu avec la conquête coloniale. Par la même occasion, on écime ou on pince les sarments pour éviter un développement excessif. L'été est aussi la période où la vigne doit être entourée de tous les soins, traitée contre les maladies et les parasites : huit traitements successifs sont généralement nécessaires... Enfin, un quatrième labourage vient supprimer les herbes qui épuisent le sol au détriment du raisin alors en pleine maturation. L'automne et les vendanges approchent, et le cycle immuable peut recommencer.

Ciseaux à tailler la vigne – acier et bois, étui cuir, flacon verre

Ces ciseaux à long manche permettent de tailler les sarments au ras du cep. L'étui de transport se portait en ceinture. Une poche contenait un flacon semble-t-il rempli d'huile, probablement pour lubrifier l'articulation des ciseaux.

LONGUEUR : 45 cm

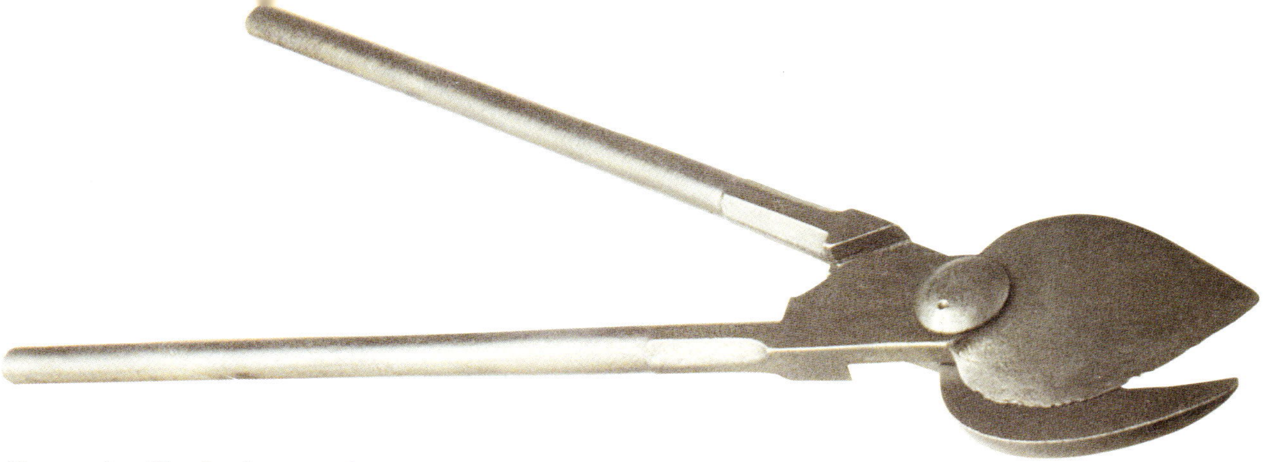

Ciseaux à tailler la vigne – acier
LONGUEUR : 40 cm

La taille de la vigne, ou l'intérêt d'avoir des ciseaux à long manche !

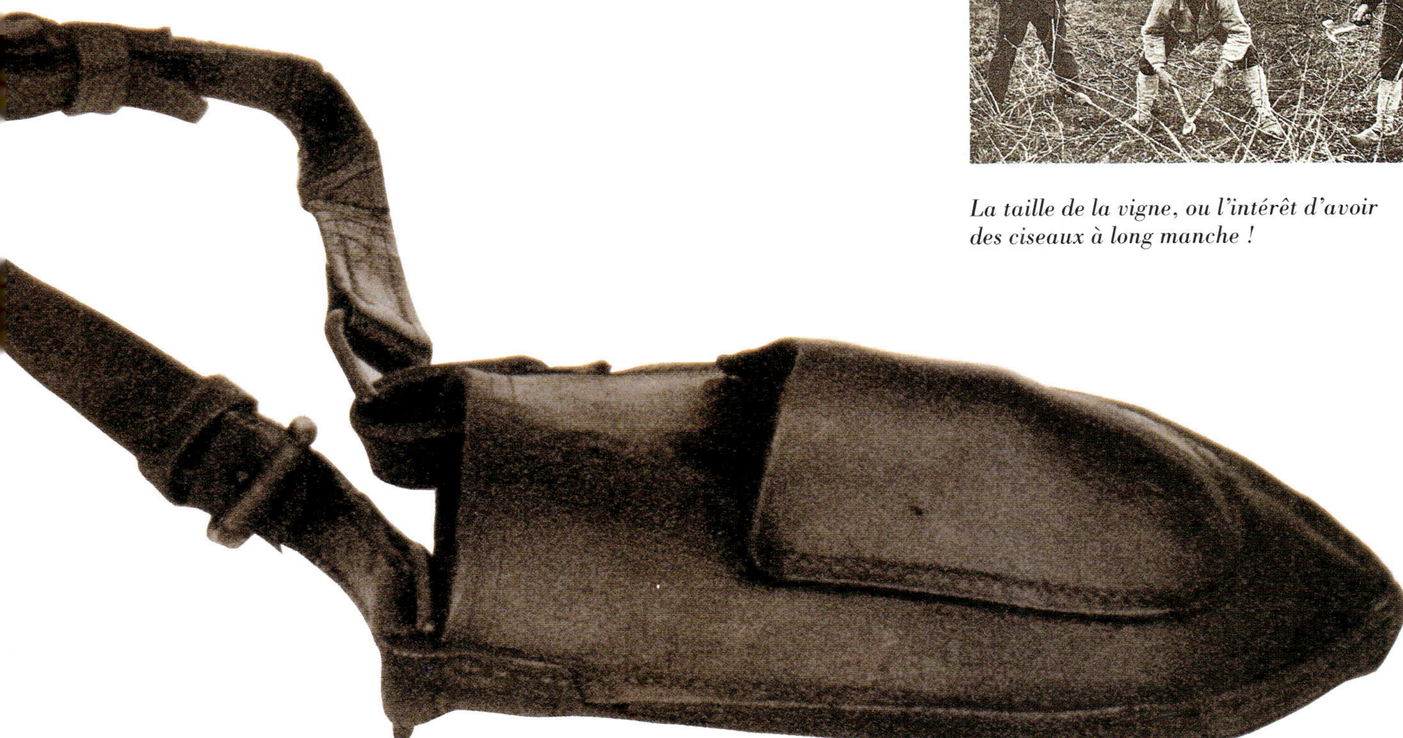

Parmi les opérations les plus délicates figurent la taille et le greffage. La taille est indispensable : une vigne non taillée produit plus de raisins qu'elle ne peut en mûrir. À l'inverse, une taille trop sévère limiterait excessivement sa croissance. Il n'existe pas une méthode universelle de taille, mais une multiplicité, selon la fertilité du sol, la vigueur de la vigne, la chaleur du climat, la quantité d'eau disponible... Si le sol et le climat sont généreux et la vigne vigoureuse, on pratique de préférence la taille "longue", qui laisse au moins quatre bourgeons – ou "yeux" – sur chaque tige, d'où une récolte et un feuillage abondants. Dans les climats plus froids, on n'hésite pas à réduire le nombre de tiges, donc la récolte, afin de privilégier la qualité à la quantité : c'est la taille courte, dite aussi "à court bois" ou "à courson", qui ne laisse que trois, voire deux yeux.

Le greffage n'est pratiqué systématiquement que depuis la fin du siècle dernier, son usage ayant été rendu indispensable par les ravages du tristement célèbre phylloxéra. Ce parasite s'attaque aux racines de la *Vitis vinifera* qui composait la totalité du vignoble européen. Pour s'en débarrasser, il a fallu se résoudre à planter des souches de variétés américaines ou hybrides, sur lesquelles on greffe *Vitis vinifera*.

Couteau à greffer – lame acier, manche buis

De même usage que le polygreffe, il était plutôt utilisé dans les petites propriétés.

LONGUEUR (ouvert) : 35 cm

Polygreffe – bois et acier

Instrument de précision à lames réglables pour préparer les greffons et les tailler en biseau selon les différents types de greffe pratiqués. Cet appareil est apparu avec le phylloxéra, qui obligea à greffer systématiquement les vignes européennes sur des pieds américains

LONGUEUR : 43 cm

Serpe de vigneron – fer et bois

Cette petite serpe droite, courte et robuste, porte non pas les initiales de son propriétaire, mais celles du taillandier qui l'a faite.

LONGUEUR : 20 cm

Panier à greffons – fer-blanc

Destiné au transport dans les vignes des greffons préparés, rangés par variétés dans les compartiments.

Parmi les multiples fléaux qui peuvent affecter la vigne, le phylloxéra est le pire. Ce pou, originaire d'Amérique, débarqua en Europe, au sens strict du terme puisqu'il fut introduit par des plants de vignes importés par bateau, en 1868. L'essentiel du vignoble français fut affecté, et certaines régions viticoles ne s'en relevèrent jamais. Ce fut une épidémie aussi douloureuse qu'une épidémie de peste, et contre laquelle on était alors totalement impuissant : « Un jour je revenais de porter de la farine et j'étais tranquillement sur ma mule [...] lorsque étant à un tout petit quart de lieu de chez nous, je portai mes yeux sur nos vignes de la Côte, et là, au milieu, je te m'en vais voir une place ronde, grande comme un sol à battre cinquante gerbes, où les feuilles étaient jaunâtres, au prix des autres qui étaient franchement vertes. Ça me donna un coup dans l'estomac : c'est la maladie de la vigne ! que je me dis. Nous avions bien ouï dire que dans le Midi elle avait fait crever toutes les vignes ; nous savions que du côté de Bergerac elle ravageait tout, mais je ne sais pourquoi, moi, comme bien d'autres, nous ne pouvions pas nous mettre dans l'idée qu'elle viendrait jusque chez nous.

Et pourtant c'était bien elle, c'était bien la maladie, marquée par cette tache ronde qui, d'année en année, allait s'élargir comme l'huile sur une touaille (une toile) et tuer toutes nos vignes ! [...] L'année d'après nous ne fîmes pas le quart du vin comme d'habitude, et encore pas bon, parce que les vignes malades ne pouvaient plus faire mûrir le raisin ; et puis l'année qui suivit, rien. Je parle des vignes de la Côte, car la vieille vigne dans le terme (le coteau), au-dessus de la maison, résista un peu plus, mais au bout de trois ans, elle était comme l'autre : en tirant sur les pieds, ils suivaient comme qui arrache une rave. »

Tout fut tenté pour enrayer la propagation du phylloxéra, et notamment l'injection de sulfure de carbone dans le sol ou, en plaine, l'inondation volontaire des vignes pendant quarante jours pour noyer le parasite. Rien n'y fit vraiment, et il fallut en passer par la plantation de souches américaines résistantes greffées. Ne subsistèrent de l'ancien vignoble français que quelques vignes plantées en bord de mer, dans le sable, sol que déteste le phylloxéra. Ce fut le cas en particulier dans l'île de Ré et en bordure immédiate de la Méditerranée, du Roussillon au Rhône. Commença alors une querelle d'amateurs qui n'est pas encore close : le vin d'après le phylloxéra vaut-il celui d'avant ?

Soufflet à souffre – fer-blanc, bois et cuir
Le soufrage permet de détruire nombre de parasites du feuillage de la vigne et de traiter certaines maladies cryptogamiques.
LONGUEUR : 61 cm

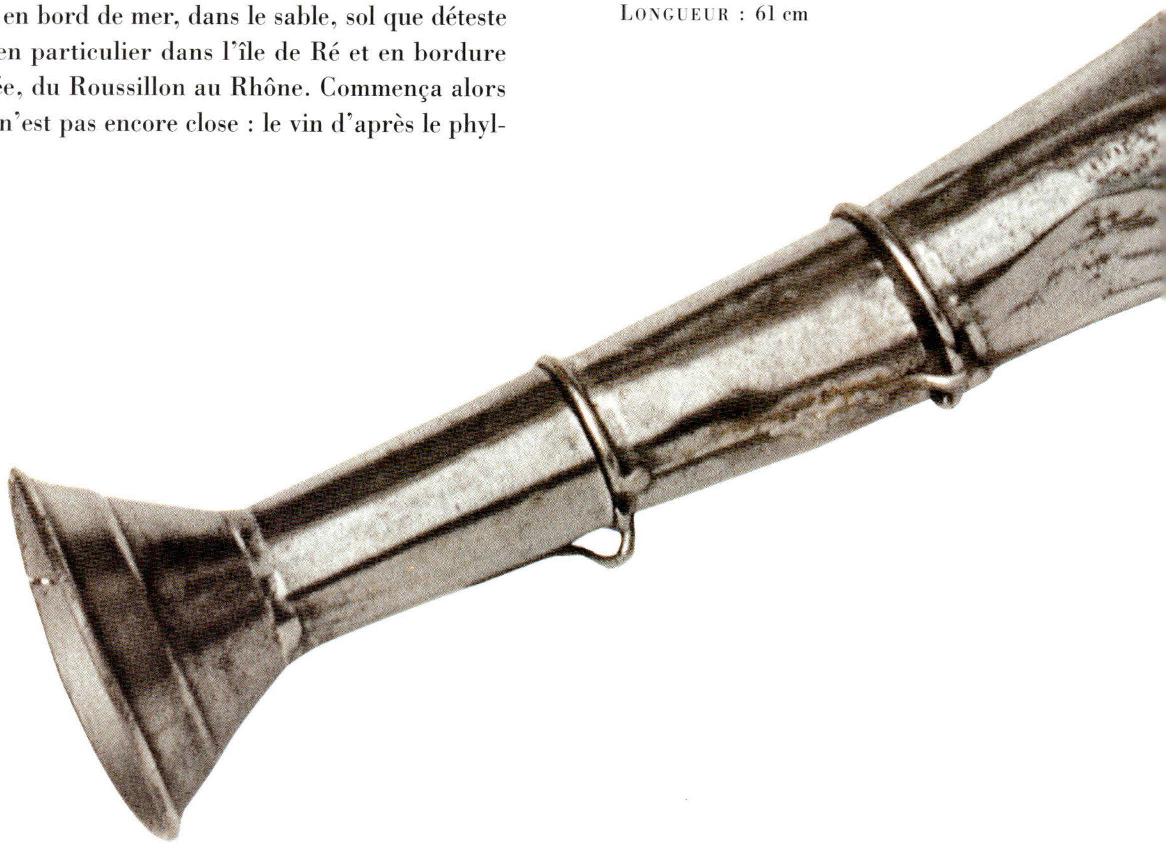

Mais s'il n'y avait que le phylloxéra, réduit aujourd'hui à l'état de mauvais souvenir ! La vigne est la proie rêvée de bien d'autres maladies et parasites : la court noué, ou dégénérescence infectieuse, provoquée par un virus apparu précisément avec l'infâme phylloxéra, et contre lequel on ne connaît aucun traitement autre que d'arracher tous les pieds atteints et ceux qui les entourent, en laissant la terre en friche plusieurs années après traitement avec des désinfectants. Les champignons microscopiques, qui provoquent entre autres le redoutable mildiou, par temps de chaleur très humide, et l'oïdium, qui attaque les feuilles et fait éclater les raisins, donnant au vin mauvais goût, mauvaise odeur et vilaine couleur. Et aussi le pourridié, qui attaque racines, troncs et branches, le rot blanc, le rot brun, et même l'apoplexie, qui peut provoquer la mort foudroyante de la vigne par temps de canicule...

Les parasites sont tout aussi nombreux et actifs : une minuscule araignée provoque l'acariose en se nourrissant de la jeune feuille et du fruit. L'érinose, mite microscopique, s'attaque aux feuilles, aux fleurs et aux raisins. L'altise, ou puce des vignes, se régale de feuilles et de bourgeons. Comme le phylloxéra, l'anguillule, petit ver mince comme un fil, s'attaque aux racines. Certains coléoptères sont tout aussi néfastes : le cigareur, qui enroule les feuilles comme des cigares, l'eumolpe, ou écrivain, qui ronge les feuilles en y découpant des sortes de caractères d'imprimerie – d'où son surnom. Les larves de papillons nocturnes, comme la pyrale et la cochylis, commettent des dégâts énormes en dévorant feuilles et grappes...

Pour lutter efficacement contre nombre de ces maladies et de ces parasites, on utilise depuis le siècle dernier le soufrage et la pulvérisation d'un mélange de sulfate de cuivre et de chaux amortie, la "bouillie bordelaise", qui donne aux vignobles leur teinte bleu-vert caractéristique. Coléoptères et papillons sont détruits aujourd'hui à l'arsenic et au DDT, traitements certes efficaces, mais qui font quelque peu regretter le pittoresque des méthodes anciennes. En effet, on luttait alors contre la pyrale et la cochylis en installant dans les vignes une lampe à réflecteur qui les attirait ; ou encore en grattant l'écorce, pendant l'hiver, avec un gant de fer en cotte de maille ; et enfin en lavant les ceps à l'eau bouillante. Quant à l'altise et à l'eumolpe-écrivain, on s'en débarrassait en agitant les feuilles au-dessus d'un entonnoir spécial, terminé par un sac de toile, où tombaient les insectes. Ce qui amenait les catalogues d'articles viticoles du temps à référencer textuellement et sans sourciller : « Entonnoir pour la chasse à l'écrivain, 3 francs ».

Pulvérisateur – cuivre

Dit aussi "sulfateuse", il était très utilisé pour vaporiser la solution de sulfate de cuivre, ou "bouillie bordelaise", employée pour traiter les vignes. Il s'attachait dans le dos avec des courroies, le bras droit pompant à l'aide du levier, tandis qu'un tuyau souple dirigé par le bras gauche, projetait le sulfate sur les vignes.

HAUTEUR : 54 cm

Réservoir-verseuse à eau bouillante fer-blanc et bois

Il servait à verser sur chaque cep l'eau bouillante produite par l'échaudeuse afin de détruire les larves et chenilles de la pyrale.

LONGUEUR : 17 cm

Échaudeuse portative et verseuse – fonte, bois et cuivre

Petite échaudeuse compacte, composée d'un réchaud à charbon de bois et d'un réservoir dans lequel on faisait directement bouillir l'eau.

HAUTEUR : 22 cm

Grande échaudeuse portable – cuivre et fonte

À double usage : pour produire l'eau bouillante nécessaire au rinçage des tonneaux, et, transportée dans les vignes, à l'échaudage de la pyrale

HAUTEUR : 158 cm

VENDANGES ET PRESSAGE

« Dans les villages campés sur les coteaux pierreux, on entend le menuisier rustique radouber les barriques. Après en avoir défoncées quelques-unes par le bout pour porter la vendange au cuvier, il les répare toutes, remplace les cercles cassés, change les vimes (cercles d'osier) rompus et calfate les fentes avec du chanvre et de la pâte de farine délayée à froid. » Avec les derniers beaux jours ensoleillés de la fin de septembre vient le temps de la vendange. Si l'on en croit le dicton, on sait depuis le jour de la Saint-Vincent, patron des vignerons (le 22 janvier) si la récolte sera abondante : « À la Saint-Vincent si le soleil brille, ne l'oublie ; prépare grandes futailles, car la vigne donnera force raisins ». Dans les grandes régions vinicoles, le ban des vendanges donne le signal des opérations lorsque le raisin est jugé assez mûr pour produire un vin de qualité. Celui qui oserait devancer le calendrier s'exposerait à des sanctions sévères. Mais la tentation est grande de commencer plus tôt que plus tard : sait-on jamais ce qui peut arriver ?

Si les vendanges des grands vignobles sont une activité quasi industrielle, qui s'étale sur plusieurs semaines et nécessite une abondante main-d'œuvre saisonnière, la récolte, dans les petites propriétés, est plutôt une journée de fête. « C'est un plaisir de vendanger par un beau soleil, lorsqu'on est jeune, sain et amoureux.

Ordinairement, des amis, des voisines et quelquefois des parents citadins conviés, se joignent à la famille en une partie joyeuse. On se groupe selon les convenances ou les sympathies, et les galants s'arrangent toujours pour être près de leur mie.

On babille en suivant les ceps tordus, et à l'ombre des chapeaux de paille les joues animées des vendangeuses semblent de ces "percès" ou halleberges (pêches), qu'on trouve pendant aux arbres grèles, ça et là dans les vignes.

La charrette a porté les barriques et les comportes dans un coin, près de la cabane de pierre sur laquelle s'étend un figuier difforme. »

Aussitôt cueillies, les grappes sont foulées, soit avec les pieds, soit avec une fourche, ou, plus récemment, avec un fouloir mécanique à manivelle. Tout retard peut provoquer l'oxydation des raisins ou le développement de moisissures qui gâteraient le vin. Quelquefois, le foulage s'effectue sur place : « À l'ombre d'un sorbier ou d'un cerisier, les fûts sont mis à terre debout pour recevoir la vendange. Celui qui "boule" (foule), armé d'une branche de châtaignier fourchue à trois dents, écrase dans une comporte le raisin que les vendangeurs apportent à pleins paniers.

Autour, les mouches bourdonnent, et dans les barriques pleines jusqu'au jable de vendange qui commence à fermenter, les guêpes au corselet d'or se gorgent de moût. Il y a dans ces tableaux comme une réminiscence des temps antiques. Le bouleur, lui-même les bras nus, rouge du sang de la grappe, semble un dieu des vendanges rustiques. »

Hotte – osier et bois
Classique hotte de vendangeur en lattes de bois et vannerie, portée à dos d'homme.
HAUTEUR : 56 cm

Ciseaux – fer

Ciseaux à vendanger, dits aussi "vendangettes", permettant de détacher la grappe avec précision.

LONGUEUR : 18 cm

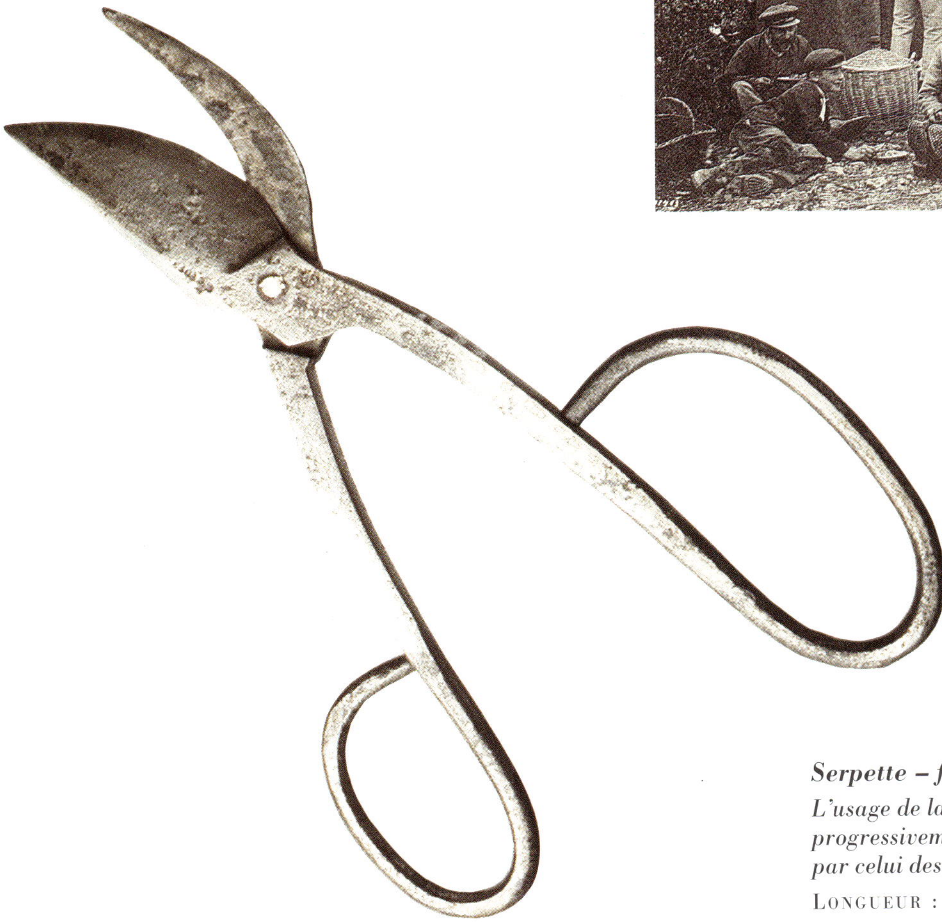

Serpette – fer et bois

L'usage de la serpette a été progressivement remplacé par celui des ciseaux.

LONGUEUR : 17 cm

Coupe-marc – fer

Pour fragmenter le marc dans les cuves.

LONGUEUR (NON EMMANCHÉ) : 46 cm

Le raisin, foulé, donne un liquide sucré, le moût, au milieu duquel flottent les débris des grappes et des raisins, qui constituent la rafle.

Mis dans une cuve ouverte, ce jus fermente sous l'influence de levures, qui transforment le sucre en alcool et en acide carbonique. Cette fermentation tumultueuse, dont le bruit évoque une ruche d'abeilles en fureur, fait bouillonner le moût en pleine transformation. Quelquefois, on soutire, pour le plaisir, un peu de ce vin en fermentation, le "vin bourru", fruité et pétillant.

Si la fermentation semble insuffisante, parce que le raisin n'était pas assez mûr ou assez riche en sucre, on n'hésite pas à chaptaliser (du nom du chimiste Chaptal, inventeur de la méthode au début du XVIIe siècle). L'opération, qui consiste à ajouter du sucre aux moûts, peut avoir des résultats corrects si elle est bien menée, mais les abus ne sont pas rares... et bien des petits vins ne doivent leurs qualités qu'aux multiples kilos de sucre achetés à l'épicerie du village sous le fallacieux prétexte de "faire des confitures"...

Après une dizaine de jours, le bouillonnement cesse, signifiant que la fermentation est terminée. On décuve alors le vin pour le mettre en tonneaux. Cependant, le chapeau, ou marc, formé par la rafle, reste imprégné de vin. Il est donc porté au pressoir afin de récupérer le vin de presse. Après pressage, le marc n'est pas encore épuisé : après distillation, on en tirera encore quelques litres d'eau-de-vie.

Presse à raisin – fonte

Cette petite presse manuelle permettait, en pressant quelques grappes, d'obtenir un échantillon de moût, de l'analyser et de déterminer si le moment était venu de vendanger.

HAUTEUR : 29 cm

Pressoir – bois

Utilisé pour presser les marcs et leur faire exprimer le vin qu'ils contiennent après le soutirage des cuves.

DIMENSIONS : 135 x 212 cm

Barriques et bouteilles

Le chais est un lieu quelque peu mystérieux, où se déroulent de multiples manipulations pas toujours très catholiques. D'ailleurs, il sent le souffre : celui des mèches que l'on fait brûler à l'intérieur des tonneaux pour les désinfecter, après les avoir lavés et rincés à l'eau bouillante pour supprimer les moisissures éventuelles, faire gonfler le bois et les rendre étanches : « Ceux qui étaient vides, il fallait les rouler dans la cour, les rincer à l'eau du puits deux fois au moins jusqu'à ce que la crasse déposée à l'intérieur soit sortie par la bonde. L'homme y secouait l'eau contre son ventre, tenant le fût par les bouts, bras écartés, ou, si trop large, les mains à plat sur le renflement cerclé de plusieurs tours en bois de châtaignier [...] Après seulement on introduisait les cendres et trois chaudronnées d'eau bouillante. La bonde fermée, solidement cognée, on vérifiait que le fut était bien étanche, sinon la vapeur faisait fuser entre les douelles ajointées un peu d'eau chuintante, il fallait resserrer les cercles, peut-être mener le fût à l'atelier du charron, hissé sur une charrette attelée ; de toutes façons l'eau chaude restait jusqu'au lendemain, que les cendres décapent, que le bois se regonfle. »

Les cuves elles aussi, avant de recevoir le moût, ont subi leur grande lessive par un énergique flambage : les parois ont été mouillées avec de l'eau-de-vie, ensuite enflammée. Toutes ces précautions sont indispensables pour éviter le développement de germes qui donneraient mauvais goût au vin.

Mais, à côté de ces produits destinés à assurer l'hygiène du chais ou à bien mener la vinification, on peut quelquefois en trouver certains d'usage plus discutable, voire franchement prohibé : du sucre pour lutter contre l'acidité, ce qui peut rendre le vin trouble, de la chaux, de la poussière de marbre ou de craie, toujours pour diminuer l'acidité ou rendre buvable un vin piqué (qui a pris goût de vinaigre)... et nous tairons quelques recettes encore plus effarantes. Certains "bons petits vins pas trafiqués, rien que du naturel !" n'étaient pas vraiment "le velours de l'estomac" d'une ancienne réclame, mais bien plutôt son gant de crin...

À la sortie de la cuve de fermentation, le vin continue à fermenter calmement dans les fûts : c'est la fermentation insensible. Pour permettre au gaz carbonique dégagé de s'échapper, on ferme simplement le fût avec une feuille de vigne ou une feuille de papier lestée de sable. Une fois cette fermentation secondaire achevée, le tonneau est bouché avec une bonde en bois de chêne, entourée d'une toile pour assurer une meilleure fermeture.

En se reposant, le vin va progressivement se clarifier, toutes les matières lourdes – parcelles de marc et de pépins, particules de terre, etc. – tombant au fond du tonneau pour constituer la lie. Pour que ce vin décanté reste clair et sain, il faut le soutirer régulièrement. Le soutirage se pratique de préférence par un temps froid et sec, quand

souffle le vent du Nord et que la pression atmosphérique est la plus forte, pour éviter que les gaz dissous dans le vin viennent le troubler en entraînant les éléments légers des lies. Les quatre premières années, on pratique un premier soutirage, tantôt à la fin de l'automne pour séparer les grosses lies, et le plus souvent vers Noël, voire en février ou mars pour les vins sains, et un second au commencement de l'automne. Dans certaines régions on effectue quelquefois trois, ou même quatre soutirages, au début du printemps et en juin. Les années suivantes, un ou deux soutirages suffisent.

Comme un fût doit toujours rester parfaitement rempli, et qu'une barrique de vin de 228 litres perd, en moyenne, de 13 à 15 litres de liquide la première année et de 8 à 10 litres les années suivantes, on procède à l'ouillage, qui consiste à compléter régulièrement le niveau avec du vin : tous les deux jours pendant les quinze premiers jours ; tous les quatre jours pendant les quinze jours suivants ; une fois par mois après la fermeture des tonneaux ; tous les mois ensuite.

Quand le vin a atteint une bonne maturité, peu avant de le mettre en bouteille, on le soumet au collage, qui consiste à battre en neige deux ou trois blancs d'œufs par hectolitre, avec un peu de sel de cuisine. Le mélange, versé dans le tonneau, est agité avec un bâton fendu ou un fouet, puis laissé reposé huit à dix jours. Le vin en sort clarifié et nettoyé, prêt à vieillir en bouteilles bouchées au bon liège. Mais ce procédé raffiné était le

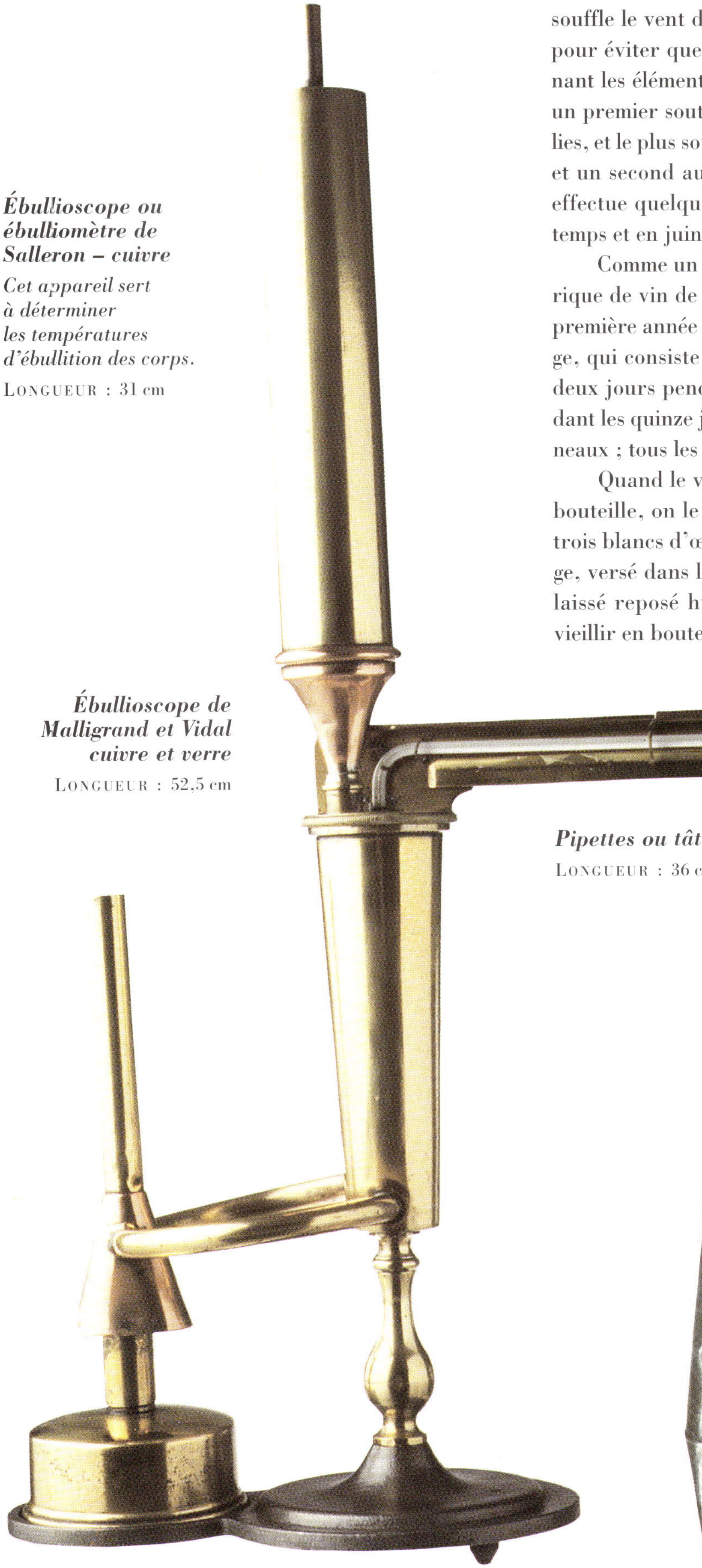

Ébullioscope ou ébulliomètre de Salleron – cuivre
Cet appareil sert à déterminer les températures d'ébullition des corps.
LONGUEUR : 31 cm

Ébullioscope de Malligrand et Vidal cuivre et verre
LONGUEUR : 52.5 cm

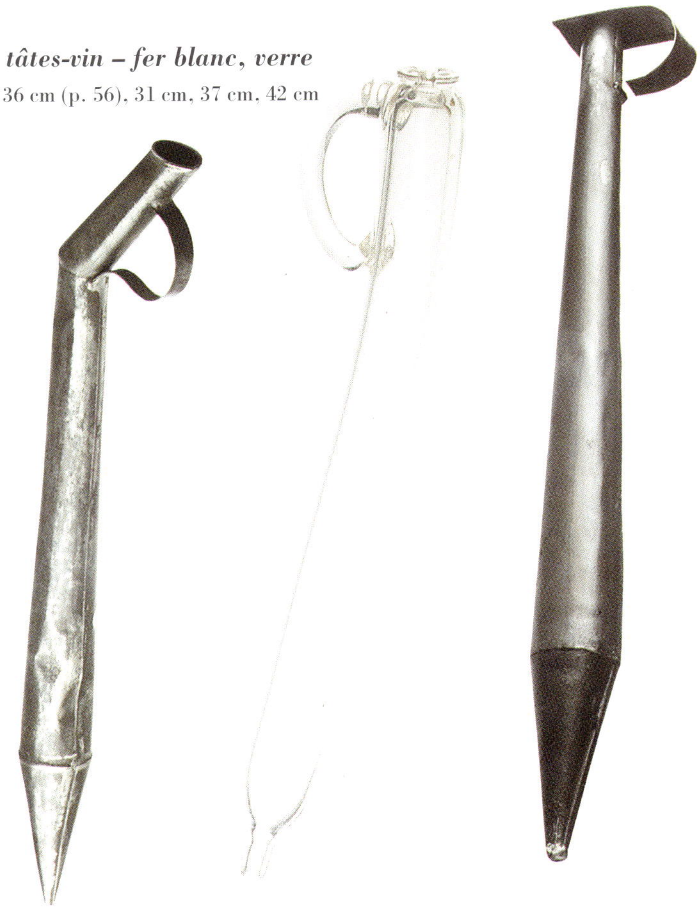

Pipettes ou tâtes-vin – fer blanc, verre
LONGUEUR : 36 cm (p. 56), 31 cm, 37 cm, 42 cm

Robinet de tonneau – buis
Classique robinet dit "cannelle", en bois tourné.
LONGUEUR : 20 cm

plus souvent remplacé, dans les campagnes, par un simple filtrage rustique, à l'aide d'un entonnoir garni d'un linge propre. Ce n'était pas par méconnaissance, au contraire : si le vin est d'une constitution un peu faible, le collage risque de le rendre mou en affaiblissant sa teneur en tanin, sa couleur et son bouquet. Et Dieu sait – ou plutôt Bacchus ! – si nombre de ces vins étaient d'une constitution "un peu faible"...

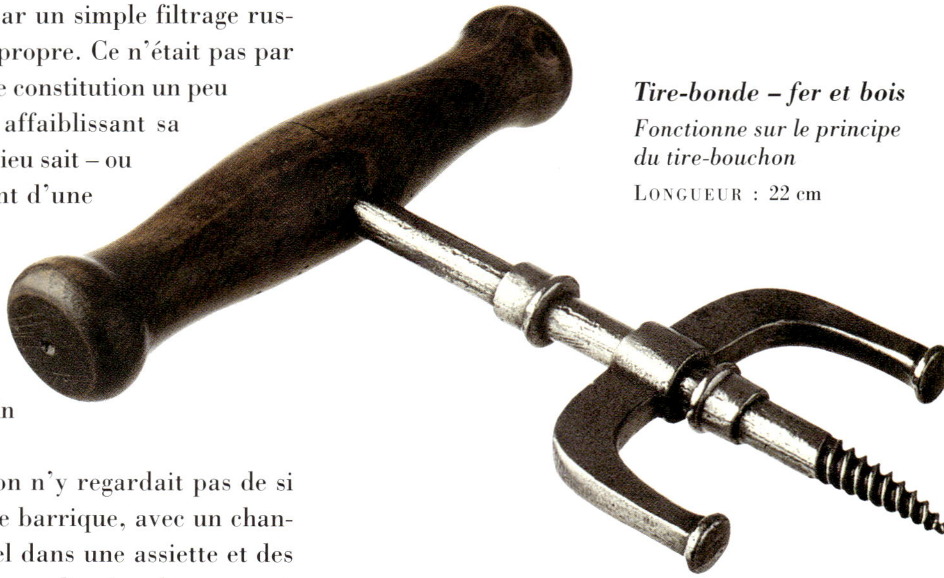

Tire-bonde – fer et bois
Fonctionne sur le principe du tire-bouchon
LONGUEUR : 22 cm

Mais peu importe ! Vieux ou jeune, corsé ou aigrelet, ce vin que l'on faisait pour soi, de ses mains et sur ses terres, était forcément le meilleur, et l'on en était fier :

« – Hé ! Pierrichou, viens tâter un peu le vin nouveau !

C'était le bon temps, le vin abondait, et on n'y regardait pas de si près. Un verre était là, près de la cuve, sur une barrique, avec un chanteau (morceau de tourte), une tête d'ail, du sel dans une assiette et des noix. Après avoir mangé une bouchée, les gens remplissaient leur verre à la canolle (robinet) d'où le vin coulait dans un grand baquet fait à l'exprès, en faisant une belle mousse rose. [...] Il prit le verre, le tournant vers le jour pour mirer la belle couleur, le mettant sous son nez pour renifler la bonne odeur. Puis, quand il l'eut bien regardé et flairé, il but lentement, par petites gorgées d'abord, s'arrêtant avec plaisir et branlant la tête tout doucement. On connaissait, rien qu'à le voir faire, que ce n'était pas un ivrogne, un avale-tout, mais un homme qui aimait le vin et jouissait lorsqu'il en tâtait de bon.

– Voilà un crâne vin, fit-il, je n'en ai pas bu de meilleur dans ma tournée. »

Bonde – verre
Préférée dans certaines régions vinicoles à la traditionnelle bonde en bois.
LONGUEUR : 8 cm

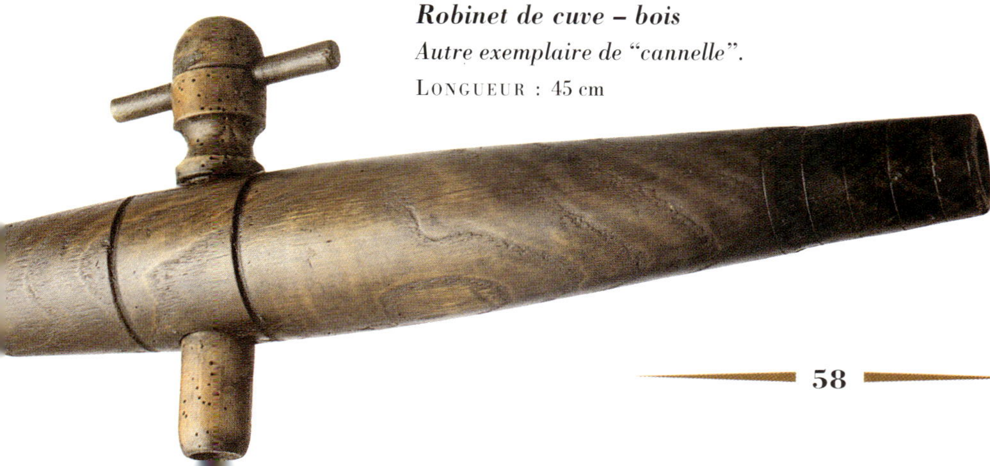

Robinet de cuve – bois
Autre exemplaire de "cannelle".
LONGUEUR : 45 cm

Enfonce-capsule bois et cuivre

Utilisé surtout au moment des expéditions pour poser une capsule métallique, marqué au chiffre du vendeur et servant de scellé à la bonde.

LONGUEUR : 17 cm

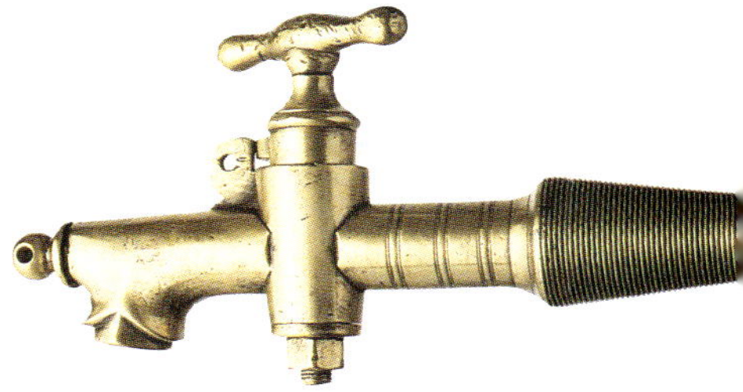

Robinet – laiton

Utilisé dans les grandes exploitations.

LONGUEUR : 27 cm

Entonnoir à vin – cuivre

DIAMÈTRE : 43 cm

Machine rince-bouteilles fer et laiton

L'eau propre arrivait par le tuyau en caoutchouc, l'écouvillon rotatif nettoyant simultanément la bouteille.

LONGUEUR : 76 cm

Décalitre – cuivre et laiton

Pour mesurer et transvaser le vin.

HAUTEUR: 37 cm

Velte – fer

Tige graduée pour mesurer le volume d'un tonneau.

LONGUEUR : 123 cm

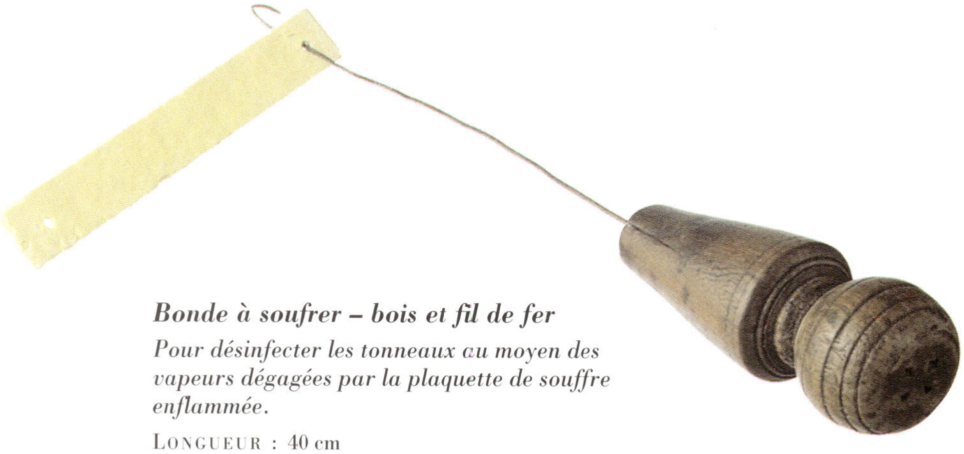

Bonde à soufrer – bois et fil de fer

Pour désinfecter les tonneaux au moyen des vapeurs dégagées par la plaquette de souffre enflammée.

LONGUEUR : 40 cm

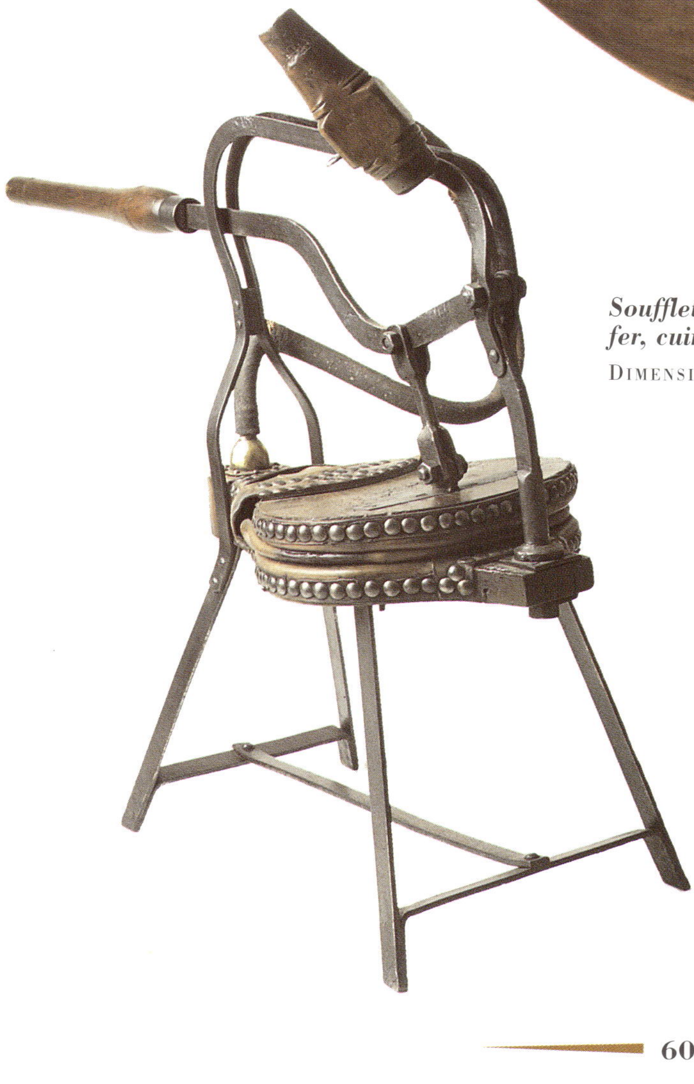

Soufflet à soutirer fer, cuir et bois

DIMENSIONS : 90 x 75 cm

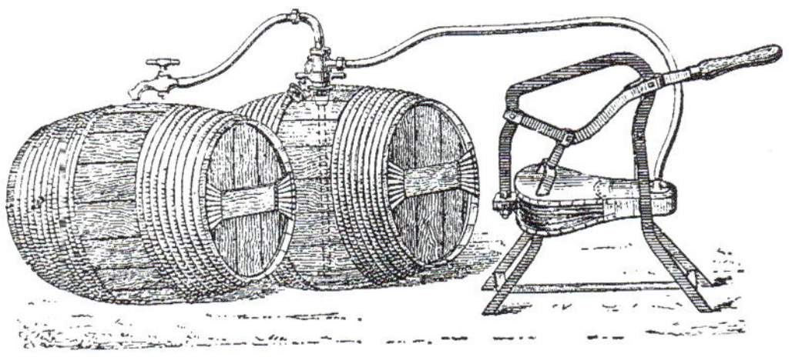

Fig. 62. — Soufflet a soutirer et a transvaser.

Le soufflet à soutirer est utilisé pour transvaser le vin par pression d'un tonneau à l'autre, sans contact avec l'air, donc sans risque d'oxydation ou de transmission de germes.

Pompe à vin – bois et fer

Cette pompe rudimentaire est installée à l'intérieur d'un comporte.

Dimensions : 122 x 74 cm

Outre – peau de bouc retournée

Plus souple et moins fragile que les dames-jeannes, cette outre servait pour le transport du vin à dos de mulet. Quand elle était percée, la peau tannée par le vin était réutilisée par des fabricants de gourdes.

Longueur : 87 cm

L'ALAMBIC ET L'EAU-DE-VIE

Ferraillant et brinquebalant, juché sur des roues métalliques un peu voilées, hérissé de tuyaux, de leviers et de robinets mystérieux, vaguement rouillé et rafistolé, l'alambic ambulant, tiré par une paire de bœufs, faisait son apparition avec les premières grisailles d'automne. Une fois bien calé sur les berges de la rivière, un long tuyau de caoutchouc déroulé en trompe d'éléphant jusqu'à l'eau, le ventre bourré de petit bois bien sec, le dragon était prêt à avaler sa ration de marc pour la rejeter en un liquide clair et plein de feu : l'eau-de-vie.

C'est, paradoxalement, aux Arabes que nous sommes redevables, vers l'an mil, de l'invention de l'alambic et de la distillation. Les premiers alambics servirent à fabriquer le fard à paupières connu sous le nom de khôl. Curieusement, quand les Arabes commencèrent à distiller le vin, ils donnèrent le même nom au produit obtenu : al khôl, "la chose subtile".

La science de la distillation fut développée par les alchimistes. Le premier traité sur l'alcool, rédigé par le Catalan Arnaud de Villeneuve, de l'université de Montpellier, date du XIIIe siècle. Son élève, Raymond Lulle, chimiste et philosophe, continua ses travaux. Il écrivait alors : « L'eau-de-vie est une émanation de la Divinité, un élément récemment révélé aux hommes et qui leur fut caché durant l'Antiquité parce que la race humaine était alors trop jeune pour avoir besoin de ce breuvage destiné à raviver les énergies en notre temps de décrépitude. » Pour ces deux alchimistes, l'alcool était la première étape vers la découverte de l'élixir de vie éternelle – d'où son nom d'eau-de-vie.

Détails d'un alambic
(ci-dessus)

Entonnoir – cuivre
Pour mettre l'eau-de-vie en bonbonnes à la sortie de l'alambic.
DIAMÈTRE : 22 cm

Pendant longtemps, l'alcool fut uniquement utilisé comme médicament. Puis, avec le temps, on apprécia son goût. L'art de distiller devint un art domestique, aussi banal que celui de la cuisine.

Cette tradition de distiller pour sa consommation personnelle s'est maintenue jusqu'à nos jours dans les campagnes. Après le soutirage du vin, à la Toussaint, le marc est soigneusement mis de côté. Si l'alambic ambulant n'est pas disponible de suite, on le stocke dans des tonneaux.

Le distillateur installe son appareil près d'un point d'eau, ruisseau ou fontaine, où il peut pomper l'eau nécessaire au refroidissement du serpentin.

La plupart de ces alambics, dits "à repasse", fonctionnent encore sur le principe de la double distillation des alchimistes. Dans ces alambics à deux corps, la chaudière principale est remplie de marc. Chauffé par un feu de bois, le marc produit, au cours de cette première distillation, un liquide opalin totalement imbuvable, la "repasse". Versé dans une seconde cuve chauffée par un second foyer et redistillé par le deuxième alambic, ce liquide donne naissance à une eau-de-vie incolore, titrant quelque soixante à soixante-dix degrés.

Deux modèles d'alambics, apparus tardivement, sont un peu plus élaborés : l'alambic Fenu et l'alambic à vapeur, où le produit à distiller est chauffé par l'intermédiaire de vapeur d'eau. Ces deux appareils, à rectificateur intégré, ont en commun l'avantage de produire directement, en une seule opération, une eau-de-vie claire et consommable.

Outre l'eau de refroidissement et le bois de chauffage, distiller demande aussi une bonne quantité de paille, sauf avec un alambic à vapeur. Disposée au fond de la cuve, cette paille évite à la matière première de brûler et filtre la vapeur.

Le distillateur et ses aides ne chôment pas : il leur faut mener le feu modérément et très régulièrement, pomper l'eau de refroidissement, garder un œil sur l'alcoomètre, transvaser dans les décalitres...

L'eau-de-vie de marc ainsi obtenue est généralement assez médiocre et mérite bien son surnom de tord-boyaux. D'ailleurs, on en réservait toujours quelques bouteilles à usage pharmaceutique, pour frictionner et désinfecter.

Alambic Dujardin-Salleron cuivre
Petit alambic utilisé pour doser l'alcool par distillation (loi du 22 Janvier 1907).
HAUTEUR : 34 cm

Décalitre – fer-blanc
Servait à transvaser l'eau-de-vie.
HAUTEUR : 36 cm

On faisait également appel à l'alambic pour produire quelques eaux-de-vie plus fines, prunes ou pommes. Quand la vendange était abondante, on faisait "bouillir" une barrique de vin, pour obtenir un brandy très correct. Traditionnellement, les agriculteurs bénéficiaient du privilège de bouilleur de cru : chacun avait le droit de distiller pour son propre compte, hors droits, 10 litres d'alcool pur par an, ou, plus précisément, l'équivalent de mille degrés. Soit, par exemple, vingt litres d'eau-de-vie à cinquante degrés. Ce privilège héréditaire a été supprimé en 1960, au nom de la lutte contre l'alcoolisme, et seuls quelques paysans, maintenant âgés, qui en jouissaient avant cette date peuvent encore faire distiller librement. La santé publique y a-t-elle vraiment gagné ? Ce qui est sûr, c'est que la disparition progressive et inéluctable des alambics accroît encore la désertification de nos campagnes.

Bonbonne dite "dame-jeanne" verre et osier
Avec entonnoir en cuivre.

L'HERBE, LE BÉTAIL, LE LAIT

Par quelle mystérieuse alchimie la bonne herbe verte se transforme-t-elle en savoureuse viande rouge et lait blanc ? C'est le miracle permanent de l'élevage. Mais un miracle qui exige beaucoup de soins et d'attention : le berger des alpages, seul dans la montagne avec son troupeau capricieux et vulnérable, en sait quelque chose. En revanche, c'est bien le maïs qui communique sa belle couleur jaune à la chair des poulets et aux œufs. Dans le petit monde caquetant de la basse-cour, s'il n'y a pas de poule aux œufs d'or, la fermière trouve toujours de quoi gagner régulièrement quelque argent sur le marché, en vendant volailles, lapins et foies gras. Cette économie domestique bien comprise s'applique aussi au cochon, qui transforme les rogatons de sa pâtée en boudins, rillettes et jambons, à l'occasion d'une de ces fêtes communautaires et rituelles dont nos campagnes ont le secret.

Bergers et troupeaux

« Marques ou numéros sur les dos, têtes tendues, bêlements, clarines, milliers de pattes, un courant extrêmement inquiet que, muni d'un grand bois et se retournant souvent vers les brebis de tête ou vers la masse mouvante que la route au loin contenait mal, le berger, par son calme, conduisait au rythme juste. Assez rapidement tout de même ils furent dans le village. Aux sonnailles, au piétinement, aux abois de chiens et bêlements graves des brebis ou aigrelets des agneaux, se mêlèrent avec une incroyable densité des voix de femmes et d'hommes, des saluts, des exclamations en patois, des sifflets pour les brebis. Le berger, très jeune sous son chapeau noir, souriait. » Le pasteur qui mène la transhumance du troupeau conserve de nos jours les gestes de ses ancêtres, même si l'essentiel du trajet d'approche entre la plaine et les pâturages des hauts plateaux s'effectue en camion.

Pour éviter toute confusion, chaque bête à laine est marquée d'un signe distinctif à la sanguine : chiffre du propriétaire, initiale de la vallée, cœur, étoile... Quelquefois, le marquage se fait par impression d'une marque trempée dans la poix ou dans la peinture.

« Au mouton, la sonnette ; à la petite brebis, la clochette. » dit un proverbe pyrénéen. On compte en moyenne une sonnaille pour cinquante moutons, et, lors des déplacements, jusqu'à une pour dix bêtes. Leur distribution ne laisse rien au hasard. On met aux flocats, ou menons, les moutons

Flûte – os
Flûte de berger taillée à la main dans un os.
Longueur : 16 cm

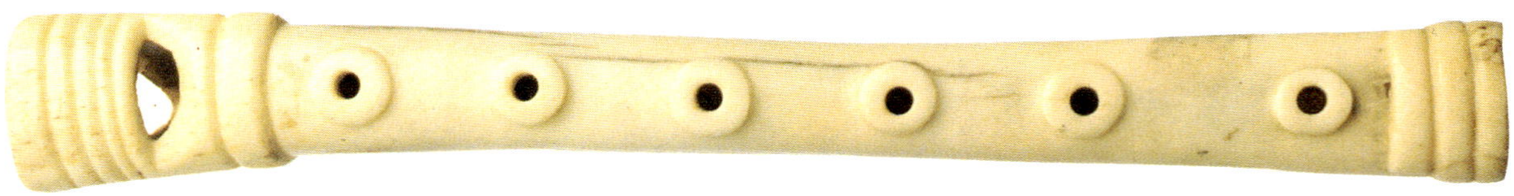

Cadran solaire – bois et fer
Muni d'une tige-repère pliante, ce cadran solaire de poche, lorsqu'on en avait l'habitude, donnait l'heure avec une certaine précision.
Longueur : 1[illegible] cm

Conque – coquillage
Le berger soufflait de la conque pour éloigner les loups ou les ours, ou communiquer avec ses collègues dans la montagne.
Longueur : 25 cm

Briquet à amadou – cuivre
Briquet rustique où l'étincelle de la pierre enflamme la mèche d'amadou. Il est muni, par précaution, d'un étouffoir coulissant.
Longueur (hors mèche) : 8 cm

Bol – bois

Taillé dans une seule pièce de bois, ce bol est typique de la vaisselle de berger.

DIMENSIONS : 15 x 8 cm

Siège pliant – bois et cuir

Siège de berger dont le dossier forme une poignée de transport. Ses lignes sont étonnamment modernes.

HAUTEUR : 82,5 cm

Parapluie de berger – bois et toile

Vaste parapluie traditionnellement en toile de coton bleu.

DIAMÈTRE (ouvert) : 125 cm

bien apprivoisés qui entraînent et encadrent le troupeau, une grosse sonnaille, au son le plus grave possible : le mouton aime les sons graves. De même, « on attribue de petites cloches avec un son différent des autres aux brebis qui ont deux agneaux, ainsi dès qu'il y en a un qui tête, comme cela fait bouger la mère, le second entend le tintement et s'approche. Sinon, sous une bête qui a deux petits et pas de cloche, l'un des agneaux prend le dessus, tête plus souvent et donc boit la part de l'autre qui s'anémie. » Et quand le troupeau s'est éloigné à perte de vue, ce sont les sonnailles qui tiennent le berger et ses chiens au courant de ses déplacements.

Le soir, les bêtes sont ramenées au parc, enclos situé à proximité d'une bergerie couverte qui abrite les brebis qui viennent d'agneler et les agneaux nouveaux-nés. Quand le troupeau doit passer la nuit sur un pâturage dépourvu de parc, le berger dort à ses côtés à la belle étoile, sous l'œil vigilant des chiens. Intelligents, bien dressés, ils ramènent les brebis égarées, sans aboiements inutiles et surtout sans mordre les bêtes.

Au jour naissant, le berger s'éveille. Il commence par traire les brebis ou les vaches, et à fabriquer les fromages. Ensuite, le troupeau quitte le parc dès que le soleil est suffisamment haut pour que les bêtes ne risquent plus de manger une herbe encore gelée. Vers onze heures, le rythme se ralentit et vers midi elles s'immobilisent : après avoir brouté pendant quatre heures, elles vont ruminer pendant un temps égal. Pendant cette longue pause, le berger va redescendre à sa cabane pour manger, fabriquer et réparer sonnailles et colliers, bavarder avec un collègue venu en voisin ou se rendre au village avec son âne pour ramener quelques provisions.

Collier de chien de berger – cuir et fer

Destiné à protéger la gorge et la nuque des chiens des morsures des loups et des ours.

DIAMÈTRE : 18 cm

Collier de chien de berger – fer

LONGUEUR : 45 cm

Forces – fer

Servaient à tondre les moutons. Leur usage demandait autant d'habileté que de force dans le poignet – d'où leur nom ?

LONGUEUR : 37 cm

Ciseaux à tondre – fer

Même usage que les forces, mais de manipulation plus aisée.

LONGUEUR : 16 cm

Bâton de berger bois et fer

Longueur : 151 cm

Forces – fer

Longueur : 22 cm

Canne de berger – bois

Se termine par un crochet. Certains bergers la préféraient au crochet en fer, accusé de blesser les moutons s'ils se débattaient trop vigoureusement.

Longueur : 90 cm

Canne-serpent de berger – bois et fer

Cette canne sculptée est un bel exemple de travail de berger.

Longueur : 88 cm

Crochet à moutons – bois et fer

Dit régionalement, dans les Pyrénées ariégeoises, "gancho" ou "rascol", ce crochet sert à attraper les moutons par la patte.

Longueur : 130 cm

La faux et le râteau

« Couchés dans le foin / Avec le soleil pour témoin... » La réalité de la fenaison est moins guillerette que la chanson, et le paysan qui se dépêche de rentrer son foin avant que l'orage n'éclate n'est guère enclin à penser à la bagatelle...

C'est entre fin mai et mi-juin que l'herbe est bonne à couper : « À la Saint Barnabé, la faux au pré. ». Avant que ne se répandent les faucheuses mécaniques, la fauchaison est un rude travail : « Dans l'aube embrumée du matin, tandis que les coqs des métairies sonnent la diane champêtre du jour qui va naître, une forme indécise s'entrevoit au milieu des prés mûrs. [...] À distance, et enveloppés des vapeurs terrestres, ses contours flottent et se confondent avec l'ombre de la nuit qui finit. Mais tout à coup, le bruit sonore et métallique d'une pierre à repasser aiguisant une faux, monte de la combe herbeuse : c'est un faucheur, un vaillant, qui s'est levé avant la "pique du jour". À peine y voit-il ; n'importe. [...] Il crache dans ses mains, se campe les jambes écartées, le corps en avant, et commence à faucher. L'herbe

humide de rosée se couche également sur le pré ras tondu, au fur et à mesure qu'il avance avec une régularité de mouvements presque mécanique. [...]

Il fauche tout indifféremment, les bonnes et les mauvaises plantes, les grandes et les petites : la pastenade ou carotte sauvage, la folle-avoine, la flouve parfumée, la petite centaurée, la consoude, le trêfle, le millefeuille, la fléole, la marguerite, la pimprenelle, le mélilot... »

Régulièrement, l'homme saisit dans l'étui de bois ou de corne pendu à sa ceinture et garni d'eau la pierre à aiguiser et, tenant la faux par la pointe, il affûte le fil émoussé. Mieux la faux est aiguisée, plus elle coupe fin et ras, sans effort inutile. De temps en temps, il enfonce en terre le pieu en fer qui termine son enclumette portative et, à petits coups de marteau, il rabat les inégalités du tranchant pour redonner son taillant à l'acier. L'opération est souvent rendue plus fréquente que prévue par la rencontre malencontreuse d'une taupinière farcie de cailloux qui arrête la lame dans son élan. Incident qui déclenche chez notre homme une copieuse bordée de jurons colorés.

Mais le plus souvent, pour se donner du cœur à l'ouvrage, le faucheur chante, de ces vieilles chansons aux multiples couplets, tellement interminables qu'une seule suffit à accompagner la matinée de travail.

Coffin – bois
Sculpté avec sa pierre à faux.
Longueur : 34 cm

Au début du siècle, les moines trappistes de Notre-Dame-D'Échourgnac (Périgord) faisaient eux-mêmes les foins dans les prés du monastère.

Coffin – bois

Modèle sans ornement, répandu dans toute la France.

LONGUEUR : 26 cm

Coffin – corne

Beau coffin sculpté, muni d'une agrafe métallique.

LONGUEUR : 22 cm

Enclumette et marteau – acier, socle bois

L'enclumette et le marteau servaient à piquer les faux, c'est-à-dire à en rectifier le fil. Dans les champs, l'enclumette était directement fichée en terre. Le socle bois était utilisé lors des travaux d'entretien à la ferme. La lame de faux est présentée ici en position de rectification du tranchant.

LONGUEUR DU SOCLE : 105 cm

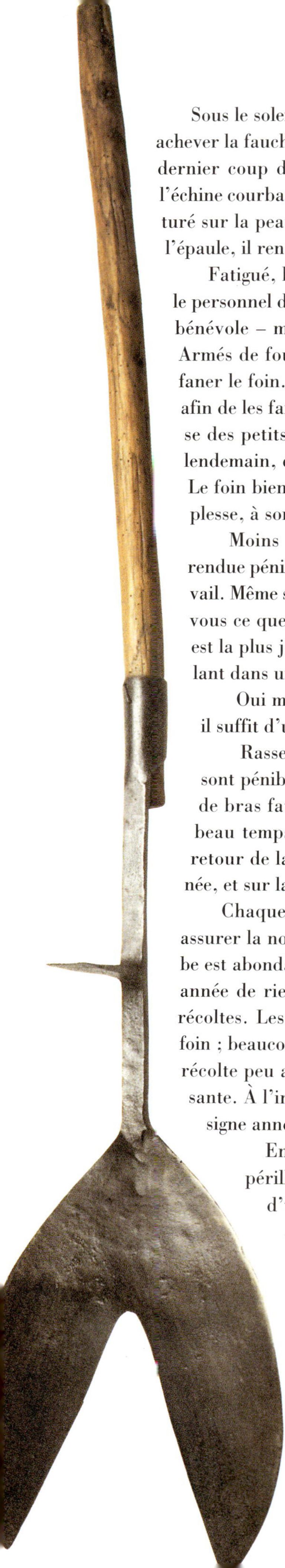

Sous le soleil maintenant brûlant, « il presse ses mouvements pour achever la fauchaison de son pré, et enfin vers les onze heures donne le dernier coup de "dail" (de faux). [...] Il se redresse péniblement, l'échine courbaturée malgré le bout de ficelle de fouet dont il s'est ceinturé sur la peau pour se garder des maux de reins, puis, sa faux sur l'épaule, il rentre à la maison. »

Fatigué, le faucheur va dormir après un bon repas, tandis que le personnel de la ferme et les voisins venus donner un coup de main bénévole – mais à charge de revanche – vont prendre sa relève. Armés de fourches et de râteaux, ils vont épandre les andains et faner le foin. Le fanage consiste à tourner et retourner les andains afin de les faire pénétrer par l'air et la chaleur. Le soir, on en dresse des petits tas, pour protéger l'herbe de la rosée nocturne. Le lendemain, ces petites meules sont à nouveau épandues et aérées. Le foin bien fané se reconnaît à sa couleur encore verte, à sa souplesse, à son parfum.

Moins dure que la fauchaison, la fenaison est tout de même rendue pénible par l'ardeur du soleil et les longues journées de travail. Même si Madame de Sévigné la décrivait avec poésie : « Savez-vous ce que c'est de faner ? Il faut que je vous l'explique : faner est la plus jolie chose du monde, c'est retourner du foin en batifolant dans une prairie. Dès qu'on en sait tant, on sait faner. »

Oui mais... Quand on croit le foin enfin sec, prêt à récolter, il suffit d'une averse d'une heure pour le mouiller.

Rassemblé, le foin est chargé sur une charrette. Et qu'elles sont pénibles, les dernières fourchées qu'il faut hisser à bout de bras fatigués tout au sommet du chargement ! Mais si le beau temps se met de la partie, c'est aussi une fête que le retour de la dernière charretée, parfois fleurie et enrubannée, et sur laquelle ont grimpé faneurs et faneuses.

Chaque brin d'herbe est précieux si l'on veut pouvoir assurer la nourriture du bétail pendant tout l'hiver. Si l'herbe est abondante, la satisfaction est mitigée : « Année de foin, année de rien ! », c'est de mauvais augure pour les autres récoltes. Les anciens disaient : « Peu de foin, beaucoup de foin ; beaucoup de foin, peu de foin », exprimant ainsi qu'une récolte peu abondante annonce un hiver court et sera suffisante. À l'inverse, foin abondant ne suffira pas, car c'est le signe annonciateur d'un hiver long et rigoureux.

En montagne, on fauche même les pentes les plus périlleuses. Dans les abrupts, le faucheur se ceinture d'une grosse corde, solidement attachée à un arbre ou maintenue par un aide vigoureux, afin de ne point glisser dans l'abîme. Là, le transport du foin ne peut se faire qu'à dos d'homme.

Et quand le foin est enfin bien à l'abri dans le fenil, le paysan en a-t-il fini pour autant ? Que non point : vers la fin de l'été, quand la deuxième pousse de l'herbe sera parvenue à son tour à maturité, il lui faudra faire les regains, c'est-à-dire tout recommencer.

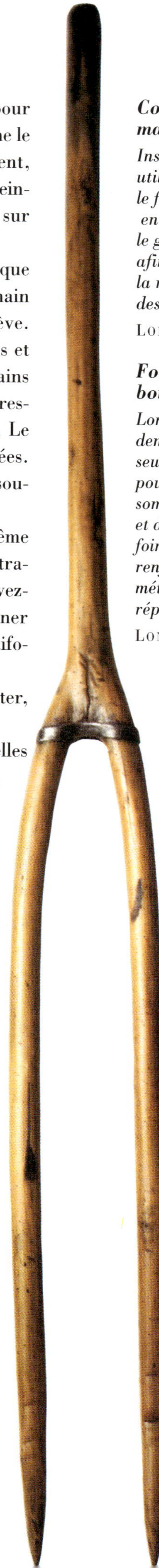

Coupe-foin – fer manche bois

Instrument original, utilisé pour trancher le foin en meules ou en bottes dans le grenier à foin, afin d'en détacher la ration quotidienne des animaux.

LONGUEUR : 140 cm

Fourche à foin bois

Longue fourche à deux dents taillée dans une seule branche, utilisée pour hisser le foin au sommet des charrettes et dans le grenier à foin. Celle-ci a été renforcée d'une bague métallique pour réparer une fissure.

LONGUEUR : 174 cm

Fourche à foin – bois *(à gauche)*

Fourche à trois dents taillée dans une seule branche. Utilisée pour retourner le foin sur les prés.

LONGUEUR : 163 cm

Civière à foin à barreaux – bois

Servait à transporter quotidiennement le foin entre le fenil et les étables.

DIMENSIONS : 200 x 70 cm

Bât à barreaux – bois

Ce bât repliable servait, en montagne, au transport du foin à dos d'âne ou de mulet. Il était également utilisé pour transporter du bois ou des fagots.

LONGUEUR : 134 cm

Le bétail et l'élevage

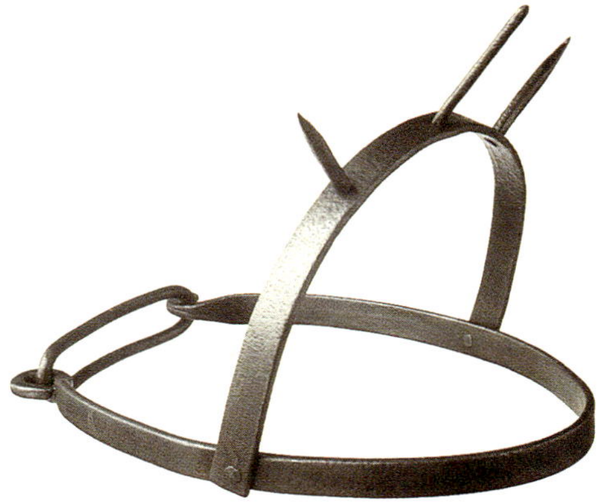

« En la fête de saint Roch, les animaux vont chaque année à une assemblée tenue sur la place de l'église, où ne figurent pas des étrangers ni surtout les maudits bouchers, où le bétail n'est l'objet d'aucune transaction. Chaque grange amène plusieurs couples. Les têtes sont couvertes de branches de maïs fleuries. [...] La bénédiction de la Saint-Roch met les bêtes à l'abri de la contagion. Ces réunions ont eu leur vogue : nous vîmes tel libre-penseur qui ne faisait pas baptiser son dernier enfant y conduire sa vache. » Et l'auteur de ces lignes sait de quoi il parle, puisqu'il était lui-même curé de campagne. Eugène Le Roy apporte des précisions sur la cérémonie : « Devant le porche de l'église du village tous (les bœufs) de la paroisse sont rangés, un bouquet au joug, contenant, dans quelques régions, un oignon cuit sous la cendre, remède préventif contre la peste bovine, et une pincée

Biberon – fer-blanc

Utilisé pour faire téter les veaux. La tétine est en cuir.

DIMENSIONS : 21 x 25 cm

Joug à redresser les cornes – bois et fer

Cet "instrument de torture" (en apparence seulement) servait à rectifier progressivement la pousse défectueuse des cornes de certains veaux. En effet, un animal dont les cornes étaient tordues ne pouvait être attelé sous le joug et perdait l'essentiel de sa valeur.

LONGUEUR : 39 cm

Collier à pointes – fer
Destiné à empêcher les veaux de téter leur mère pour les sevrer.
DIMENSIONS : 34 x 40 cm

La bénédiction publique des animaux pour la Saint Roch dans la rue principale de Lézat-sur-Lèze (Ariège) dans l'entre-deux-guerres.

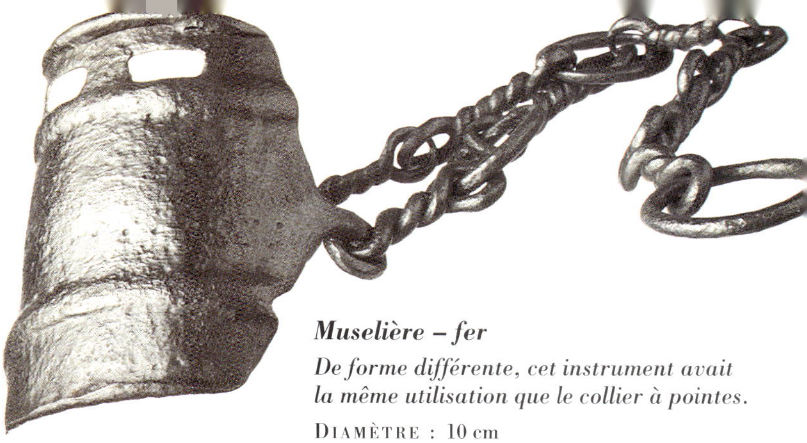

Muselière – fer
De forme différente, cet instrument avait la même utilisation que le collier à pointes.
DIAMÈTRE : 10 cm

de sel dans un petit linge blanc. Alors le curé vient avec son marguillier, récite son oraison et les bénit. » Contre les redoutables épizooties, toutes les précautions sont bonnes à prendre. La médecine vétérinaire est embryonnaire, seul le maréchal-ferrant a quelques connaissances et peut tenter d'empêcher la perte sèche que représente la mort d'un animal : « Et combien en ai-je vu, qui, empressés de mander le maréchal pour un bœuf malade, laissent mourir leur femme sans appeler le médecin ! » Pour éviter d'en arriver là, on multiplie les actes superstitieux : chauffer le four le jeudi, c'est s'exposer à faire mourir le cochon ; les charbons du feu de la Saint-Jean guérissent la gourme des moutons et des brebis ; le cataplasme de nid de fourmis est souverain contre le catarrhe des bovidés ; pour qu'une vache soit prolifique, il faut lui faire boire de l'eau dans laquelle deux ardoises ont bouilli... On fait bénir les étables, le maïs, les raves, le sel que mangent les animaux... Si rien n'y fait, on aura alors recours à l'exorciste et au sorcier.

Cependant, certaines coutumes bizarres étaient en réalité frappées au coin du bon sens : ainsi, certains paysans exigeaient que les marchands de bestiaux déposent leurs souliers avant d'entrer dans les étables, pour éviter la mortalité. Or, dès que la science se pencha sur le mode de transmission de la fièvre aphteuse, on découvrit que la première règle d'hygiène à appliquer était la désinfection systématique des chaussures et sabots, qui fut alors généralisée et imposée par arrêtés préfectoraux.

Marque à bestiaux ronde – fer et bois

Marque rustique où les initiales sont remplacées par un symbole.

Longueur : 36 cm

Marque à bestiaux – fer et bois

Destinée à marquer à chaud dans le cuir des animaux les initiales de leur propriétaire, ici M. N.

Longueur : 33 cm

Anneau nasal

Pour mener les taureaux et les tenir à distance.

Longueur : 160 cm

L'élevage bovin resta longtemps cantonné aux régions de grasses prairies naturelles, les embouches, où l'on met les animaux à engraisser : Normandie, Limousin, Charolais, Nivernais... Les animaux y étaient élevés uniquement pour la viande et le lait. Ailleurs, vaches et bœufs étaient avant tout utilisés comme animaux de trait, et seules les fermes les plus aisées possèdaient quelques vaches laitières, le plus souvent de race bretonne, flamande, normande ou Montbéliard.

Marque à bestiaux, aux initiales B.E. – fer et bois
LONGUEUR : 27 cm

Étrille – fer et bois
Sert à nettoyer les bœufs et les vaches et à leur donner le poil luisant.
LONGUEUR : 19 cm

Beurre, lait et fromage

Image bucolique et rassurante s'il en est, la traite des vaches à l'ombre d'un arbre ou dans la tiédeur de l'étable a presque l'air d'une partie de plaisir. Évidemment, ce n'est pas tout à fait aussi simple : traire un animal ne s'improvise pas, et le novice a fort peu de chance de faire jaillir la moindre goutte de lait. En revanche, qu'il agace la bête par sa maladresse, et gare au coup de pied !

Après la traite, le lait est filtré dans un entonnoir garni d'une toile fine. En montagne, certains glissaient dans l'embouchure un bouquet de rhododendrons fleuris, qui parfumait le lait et communiquait son arôme au fromage. Une partie du lait était soit consommée sur place, soit vendue dans les gros bourgs et les villes, mais l'essentiel était transformé en crème fraîche, et surtout en beurre et fromages.

Fabriquer soi-même son beurre ne présente aucune difficulté particulière. Pour commencer, le lait doit reposer dans une jatte afin que la crème remonte à la surface. Récupérée avec une cuillère à écrémer, en effleurant la surface du liquide avec le rebord, la crème est versée dans la baratte. Pour agglomérer les molécules de matière grasse, on agite vigoureusement… le temps qu'il faut ! Une demi-heure avec une baratte à batteur, quelques minutes seulement avec une baratte à manivelle, mais une heure ou plus si le temps est à l'orage.

Le beurre est ensuite malaxé et abondamment rincé à l'eau claire et froide pour le débarrasser du petit-lait qui lui donnerait un goût aigre. L'égouttage se fait en pressant la motte dans un moule, dont le décor, ini-

Transport du lait au balancier.

Charrette de laitière

Carriole légère, à chien ou à chèvre, pour la livraison rapide du lait frais.

DIMENSIONS : 182 x 80 cm

Seau à traire – crêpe de bois et fer

Seau rustique taillé dans un tronc creux.

HAUTEUR : 45 cm

Broc à traire ou "lerou" – crêpe de bois et fer

Taillé dans un tronc creux et courbe, le "lerou" sert également de siège pendant la traite, en s'asseyant à califourchon sur la poignée.

HAUTEUR : 58 cm

Bidon à lait – fer-blanc

Pour la vente du lait au porte-à-porte. Les courroies permettent de le transporter sur le dos, tandis que le couvercle sert de mesure.

HAUTEUR : 34 cm

Tabouret à traire – bois

Classique tabouret à trois pieds, stable quel que soit le terrain.

HAUTEUR : 38 cm

Tabouret à traire, bois et fer

Ce tabouret à un seul pied était porté à la ceinture grâce à la chaîne, permettant ainsi d'aller de bête en bête en gardant les mains libres pour les seaux.

HAUTEUR : 33 cm

tiales, fleurs, animaux stylisés, a un rôle à jouer. D'abord, il permet de "signer" sa production, puisque chaque ferme possède son motif particulier. Ensuite, les ménagères avisées savent examiner ces empreintes : plus elles sont nettes, et plus le beurre est frais.

Même dans nos modernes réfrigérateurs, le beurre frais a tendance à s'oxyder, à rancir au contact de l'air. En montagne, certains pâtres avaient trouvé la solution pour conserver fraîches longtemps les mottes destinées à la vente : la production du premier jour était façonnée en boule, puis chaque jour recouverte d'une nouvelle couche de beurre frais. Ainsi protégé, le beurre n'avait pas le temps de rancir, et l'on pouvait fabriquer des mottes de quarante à soixante kilos. La seconde méthode de conservation, plus classique, consiste à saler le beurre et à le mettre en pot.

Selon les régions, le fromage s'élabore à partir de lait écrémé ou de lait entier. La présure indispensable pour faire cailler le lait provient de la caillette (compartiment de l'estomac) de veaux non sevrés. Tiédi au coin du feu, le lait est emprésuré avec un fragment de caillette écrasé dans un mortier. Dans le chaudron, le petit-lait remonte à la surface, tandis que le caillé, tranché, est mis dans un moule où il s'égoutte sous pression. Quand il a pris suffisamment de consistance pour ne plus s'affaisser sous son propre poids, le fromage est démoulé, salé et mis à affiner. Voilà pour le principe, que le fromage soit de vache, de chèvre ou de brebis. Dans la réalité, il y a tellement de façons de procéder que personne ne peut se vanter d'avoir goûté à la totalité des fromages de France !

Et comme l'une des vertus paysannes est de ne rien gaspiller, le petit-lait est à son tour soigneusement récupéré. À nouveau écrémé, on peut encore en tirer un peu de beurre. Bouilli puis filtré dans une toile fine, il sert à fabriquer un petit fromage frais, le bourrassat des bergers pyrénéens. Il est également utilisé comme boisson rafraîchissante, et, si l'on en dispose en abondance, pour nourrir les porcelets.

Cuillère à écrémer, bois *(à gauche)*
Cuillère monoxyle dite aussi "ramasse crème", typique des Pyrénées ariégeoises.
LONGUEUR : 16,5 cm

Baratte – fer-blanc
Classique baratte à piston.
HAUTEUR : 120 cm

Marque à beurre, buis
Cette marque ronde en forme de tampon est décorée d'un motif de vache au pré.
DIMENSIONS : 6 x 10 cm

Forme à fromage – bois
Utilisée pour presser sur les côtés les meules de fromage.
LONGUEUR : 31 cm

Moule à beurre – bois

Présenté fermé et ouvert. La fermeture du moule parachevait le pressage du beurre.

LONGUEUR : 25 cm

Moule à beurre ovale – bois

Présenté fermé.

LONGUEUR : 24 cm

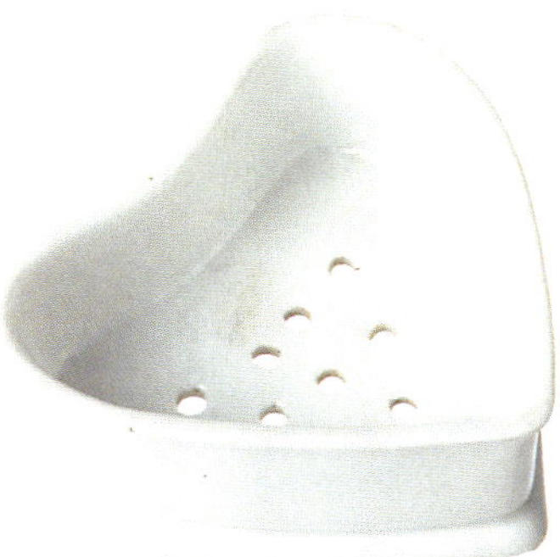

Moule ou faisselle à fromage – faïence

LONGUEUR : 7 cm

Moule égouttoir à fromage – osier

LONGUEUR : 9,5 cm

Presse à fromage

Pour mouler tout en expulsant le petit-lait.

HAUTEUR : 85 cm

Le porc et la viande

Chacun, à la campagne, est son propre charcutier. Dans une ferme, il y a en permanence au moins deux cochons : « l'un dans la soue, l'autre sous le sel dans le saloir de bois et sous la graisse dans des pots de terre. » On tue le cochon pendant l'hiver, « entre la Saint-Martin et Carnaval » selon la tradition.

Tuer le cochon est une fête – sauf pour l'animal : « La veille on ne lui a pas donné sa "baquade" (pâtée), et le matin même on a mis au feu une grande marmite d'eau pour l'ébouillanter. Un banc large et bas est dressé dans la cour ou sur le chemin. Les voisins qui seront payés de leur peines en "gogues," ou boudins, sont venus donner un coup de main, et en arrière, des droles (gamins) attendent, curieux.

Tout étant prêt, le maître va ouvrir l'étable et appelle le cochon. Il sort péniblement, croyant trouver son auge pleine ; mais soudain il s'arrête méfiant, en voyant tout ce monde. L'homme lui jette quelques grains de blé d'Espagne (maïs), et avec des paroles câlines cherche en vain à le faire approcher de ce banc qui lui paraît suspect. Pendant qu'il hésite, un des voisins lui saisit traîtreusement une patte de derrière – un futur jambon – deux autres lui empoignent les oreilles, un quatrième lui entortille une corde autour du groin, un cinquième le prend par la queue et tous l'entraînent vers le banc fatal.

Le pauvre diable qui comprend alors de quoi il s'agit, renâcle, pousse des cris perçants qui troublent dans leur étable ses congénères voisins, et s'efforce inutilement de résister. Hissé et couché sur le banc malgré ses efforts, il redouble ses grouinements aigus et désespérés, pendant qu'on lui introduit dans la bouche un manche de pelle à feu pour le langueyer (examiner la langue). Point de bouton de ladrerie ? Son affaire est claire. Le boucher ou l'amateur qui en fait office, de son grand coutelas rase les soies de la gorge, puis, ayant bien calculé la direction, enfonce le couteau. Le sang jaillit en un jet écumeux reçu par la ménagère dans un bassin de cuivre où elle le remue avec la main. [...] Alors, le corps arrosé d'eau bouillante, ou grillé avec des brandons de paille dans certains cantons, est ensuite raclé avec des couteaux par les assistants qui font des supputations sur l'épaisseur du lard et le poids de la bête.

Racloir – fer
Pour "peler" (racler) le cochon lorsqu'il a été ébouillanté.
LONGUEUR : 13 cm

Pèle-porc – fer et bois
Même usage que le racloir ci-dessus.
LONGUEUR : 18 cm

Tinet dit "camaou" – bois
Pour suspendre le cochon mort par les tendons des pattes arrières passés dans les encoches.
LONGUEUR : 62 cm

Fusil – fer et laiton
Pour aiguiser les couteaux.
LONGUEUR : 55 cm

Vessie de porc
Traditionnellement, la vessie de porc servait à conserver la graisse.
LONGUEUR : 27 cm

Arrache-ongles – fer
Servait à ôter les ongles du porc avant de préparer les pieds de cochon.
HAUTEUR : 17 cm

Couteaux et fusil avec leur gaine – acier et bois
Tout l'attirail du tueur de cochon itinérant, au grand complet.

Le cadavre étant bien raclé, bien pelé, bien propre, on le porte dans “l’en-bas”, où il est suspendu à une poutre du plancher par les tendons des pieds de derrière ; après quoi on l’éventre et on enlève les boyaux et la fressure.

Et demain lorsqu’il sera froid, on le dépècera et on fera du boudin, des andouilles, et autres cochonnailles. »

« Dans le cochon, tout est bon », et c’est vrai : « Lorsque les femmes étaient revenus de laver les boyaux dans l’eau glacée du ruisseau proche, à midi, on mangeait la fricassée. C’est un plat délicieux, où l’on cuit ensemble des morceaux de foie, la rate, l’osseline, les ris dans une sauce d’oignons abondamment épicée, qu’on versera sur des grillades de pain aillé.

L’après-midi, on fait les boudins, avec le sang et les bajoues du porc. [...] La graisse fond devant les braises ardentes, dans de grosses marmites où nagent les morceaux de confits, et le soir, cette graisse passée laissera au fond des passoires des grillons, mis de côté pour les futurs casse-croûtes, pendant que les morceaux de salé, sous plusieurs couches de sel, iront dormir au grenier dans les saloirs pansus. »

Quant à la viande de boucherie, la vraie viande rouge, ma foi... pendant longtemps, on n’en mangeait guère dans nos campagnes qu’une fois l’an, à Mardi-Gras : « Le dimanche avant le dimanche gras, à la sortie de la messe, le boucher avait conduit devant l’église deux magnifiques bœufs gras aux cornes enrubannées. Chacun avait pu, d’avance, apprécier la qualité de leur chair. Le jeudi [...] les bœufs ont été abattus par le boucher, en public, devant tous les gamins du bourg.

[...] C’est le samedi gras, la grande vente de la viande. [...] Pour 12 ou 15 sous la livre, les cabas, les bourriches se remplissent, de bœuf surtout : des plates-côtes pour le bouilli, qui voisineront avec la poule au pot, une large grillade sans os, et le plus gros morceau possible, ni trop gras ni trop maigre, qui, nageant au milieu des carottes, donnera l’inévitable daube. »

Crochet double – fer

Pour suspendre les quartiers de viande.

LONGUEUR : 22 cm

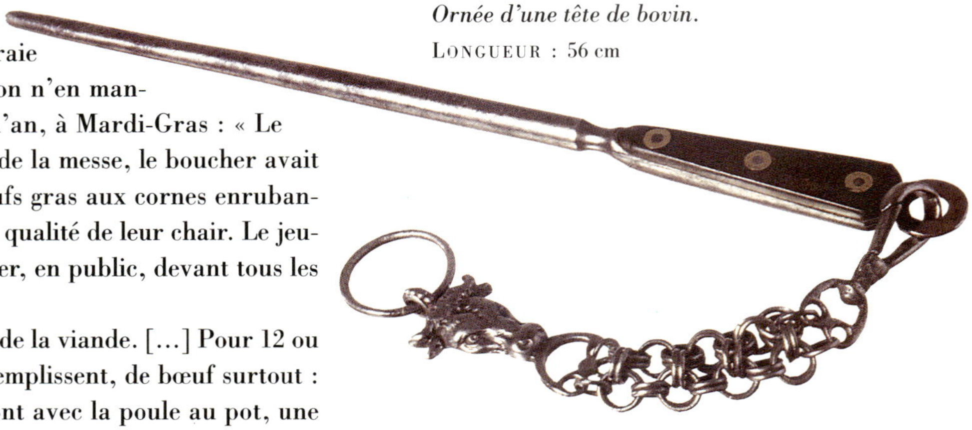

Fusil à chaînette – fer et bois

Ornée d’une tête de bovin.

LONGUEUR : 56 cm

Entonnoirs à saucisses et à saucissons – fer-blanc

Accessoires utilisés avec la boudonnière ci-dessous.

LONGUEUR : 16 cm

Boudonnière – fer et bois

Cet entonnoir à piston et à embouts interchangeables était utilisé pour remplir régulièrement les boyaux de viande hachée.

LONGUEUR : 53 cm

Scie de boucher, acier et bois

Scie traditionnelle, toujours utilisée actuellement.

LONGUEUR : 53 cm

Grattoir de billot dit "gratte-étal", bois et fer

Utilisé pour nettoyer à fond les billots de boucher.

LONGUEUR : 38 cm

Fendoir – fer

À long manche pour fendre plus facilement les os et les quartiers de viande.

LONGUEUR : 53 cm

Couperet fendoir – acier, poignée corne et laiton

Bel exemplaire d'un ustensile classique des métiers de la viande.

LONGUEUR : 49 cm

Fendoir – poignée corne avec crochet

LONGUEUR : 49 cm

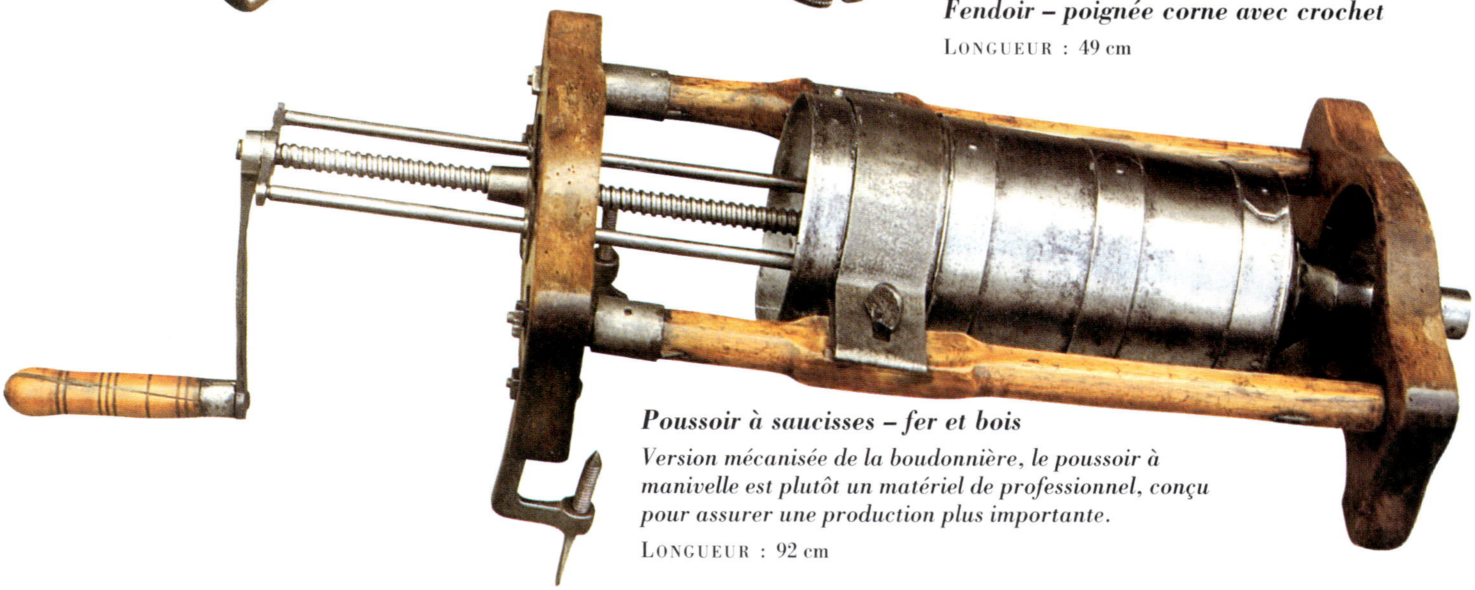

Poussoir à saucisses – fer et bois

Version mécanisée de la boudonnière, le poussoir à manivelle est plutôt un matériel de professionnel, conçu pour assurer une production plus importante.

LONGUEUR : 92 cm

Volailles et basse-cour

Dans les cours de ferme, les volailles picorent en toute liberté, les canards barbotent dans la mare, on promène oies et dindons tandis que les pigeons sont libres d'aller et venir autour du colombier.

La nuit, c'est une autre histoire : tout ce petit monde emplumé est enfermé dans les poulaillers, étables et dépendances, perché à l'abri des rats, renards, belettes et divers prédateurs.

À ce régime de semi-liberté et d'alimentation variée et naturelle, les volailles gagnent une chair ferme et savoureuse. Ces races rustiques étaient plus aptes à se reproduire seules, plus résistantes aux intempéries et aux maladies que les animaux soigneusement standardisés et totalement abrutis des élevages actuels.

Heureusement, ces races robustes n'ont pas toutes disparu. Leur préservation est même encouragée au nom de la biodiversité. Et c'est heureux pour les gastronomes, qui savent que le canard au sang ne se prépare bien qu'avec un canard Duclair, et que les meilleurs foies gras s'obtiennent en gavant le canard Mulard...

Toute basse-cour qui se respecte possède son troupeau de poules, au milieu desquelles parade le coq. Pour que tout se passe bien, on compte un coq pour dix à quinze poules. Les races locales prédominent : Bresse Gauloise, Cou-nu d'Auvergne, Faverolles, Malines, Combattant du Nord, Gâtinaise, Géline de Touraine, Poule noire du Mans, Merlerault, Houdan, Charollaise, Meusienne, Caumont, Barbezieux, Crêvecœur... À heures régulières, les poules sont nourries au grain. La fermière n'oublie pas de leur lancer également quelques poignées de gravier dont elles sont friandes : stocké dans le gésier, il leur sert à broyer les grains et facilite la digestion. Dans un coin, un tas de coquilles d'huîtres : c'est bon pour se faire le bec et le calcaire renforce les coquilles d'œufs.

En période de ponte, la poule pond un œuf par jour, entre neuf heures et treize heures, généralement dans les endroits les plus saugrenus : trous de mur, meule de foin... Leur récolte s'apparente à une chasse au trésor quotidienne. Une bonne pondeuse produit environ cent soixante quinze œufs par an. On la reconnaît en particulier à son bec court et fort, sa crête ferme, écarlate, son œil grand au regard vif, ses plumes brillantes, sa queue légèrement en éventail, son dos long et large et son bréchet droit et bien développé. Une poulette peut commencer à pondre dès cinq à six mois, mais ses œufs ne doivent pas être couvés : ils donneraient des "poulets de poulets", malingres et sans intérêt. La couvaison dure vingt et un jours, pendant lesquels les œufs sont maintenus à une température de trente-huit à trente-neuf degrés. Le vingt et unième jour, les poussins éclosent en brisant leur coquille non avec leur bec, mais avec une petite corne temporaire qui disparaît ensuite.

On élève également des pintades pour leur chair, la plus réputée étant la Grise commune. La pintade a la réputation d'être mauvaise couveuse : on lui retire donc ses œufs pour les confier à une poule.

Nid de pigeon – osier
À suspendre, servait de pondoir.
LONGUEUR : 29 cm

Tabouret égrenoir à maïs – bois, lame en fer

De forme étonnante, vaguement zoomorphe, ce tabouret servait à égrener le maïs destiné à la volaille.

Hauteur : 74 cm

Égrenoir à maïs à main – fer

Objet rare et curieux, à ne pas confondre avec un poing américain !

Longueur : 10,5 cm

Tabouret pour égrener le maïs

Tabouret à trois pieds, à lame d'égrenage latérale.

Dimensions : 44 x 40 cm

Dindes, dindons et oies sont mis au pâturage dans de vastes enclos : pour être à son aise, une oie a besoin de cent mètres carrés d'herbage, un trou d'eau, un buisson pour se mettre à l'ombre, une cabane au sol sec pour dormir et pondre. Si l'oie est appréciée rôtie ou pour son foie, certains sont friands de ses œufs de belle taille, dont deux suffisent à confectionner une belle omelette. Ils sont également excellents à la coque, et très recherchés des pâtissiers. Mais l'oie, méfiante, sait se confectionner des nids secrets, et il faut l'espionner pour les repérer.

On élevait les pigeons pour leur chair, mais aussi, et peut-être surtout, par fierté. Jusqu'à la Révolution, disposer d'un pigeonnier était un privilège nobiliaire. Ensuite, le pigeonnier s'est largement démocratisé, en posséder un était une façon d'affirmer qu'on était désormais maître chez soi.

Autres hôtes de la basse-cour, mais discrets et silencieux ceux-ci, les lapins. Évolution du lapin de garenne, ou plus probablement croisement entre lièvre et lapin, le lapin domestique vit placide, solitaire et sans histoire dans son clapier individuel.

Mais ne nous laissons pas prendre au pittoresque de la basse-cour : elle est avant tout réserve permanente de viande fraîche et d'argent frais : « Ma femme faisait vendre assez souvent par Suzette quelques paires de poulets ou de canards, et quelques douzaines d'œufs. Elle avait beaucoup augmenté le revenu de la basse-cour, sans grande dépense ; ainsi, tous les ans, nous portions au marché de Périgueux une vingtaine de dindons, en gardant notre provision. Elle faisait venir de même beaucoup d'oies, qui profitaient vite ayant la rivière à deux pas, et quand il était temps, la Suzette les gorgeait : une fois fines et grasses, on les tuait et on les vendait un bon prix, les foies, la graisse et tout. »

Gaver les oies et les canards pour les engraisser est une vieille – et lucrative – tradition qui remonte à l'Antiquité. Pour ce faire, on exploite la tendance naturelle à la boulimie de l'animal, qui se barde de graisse avant la migration. Ainsi, contrairement à ce que l'on croit souvent, un foie gras n'est pas un foie malade : cessez le gavage, et le foie retrouve sa sveltesse. Et tout doit se faire en douceur : stressé ou blessé, l'animal n'engraissera pas.

Un gavage bien mené commence par le pré-gavage : l'animal est nourri de fourrage, puis de maïs et d'herbe à volonté, histoire de lui ouvrir l'appétit. Le gavage peut alors commencer : durant vingt à trente jours, on fait

Gorgeoir – fer-blanc et bois

Cet entonnoir à gaver très rustique, à piston, s'utilisait selon la technique mise en évidence par les documents anciens ci-contre. En haut à gauche, on peut remarquer le geste typique de la gaveuse de gauche, la main sur le jabot de l'oie pour la masser, ce qui , à la fois, rassure l'animal et stimule son appétit.

HAUTEUR : 32 cm

ingurgiter à l'animal une bouillie tiède et consistante de maïs légèrement graissé cuit pendant deux ou trois minutes dans une eau à peine salée. Sacrifié, l'animal révèle un beau foie aux lobes beige clair, ou blanc rosé s'il a été nourri avec du maïs blanc. Le poids idéal d'un foie est d'au maximum sept cents grammes pour l'oie et quatre cents grammes pour le canard. Au-delà, il fond à la cuisson, donnant plus de graisse que de chair.

LE JARDIN ET LA FORÊT

Le potager et le verger

Les abeilles et le miel

Bûcherons et forestiers

Piégeurs et braconniers

Qu'il soit agriculteur, facteur, instituteur, épicier ou curé, chacun, à la campagne, est son propre marchand de quatre saisons. Les légumes du potager et les fruits du verger, consommés frais ou conservés en bocaux, séchés ou mis en confitures, suffisent à la consommation familiale. À leur goût incomparable s'ajoute la satisfaction de les avoir pour rien, puisqu'ils ne coûtent qu'un peu de soins. La forêt toute proche est elle aussi grande pourvoyeuse de matières premières à bon marché : bruyère, fougères et feuilles sèches pour la litière des animaux, branchettes et bois mort pour les fagots, bois d'œuvre pour l'ameublement et la construction, bois de taillis pour les piquets de vigne et le charbon ... Et, à leur manière furtive, piégeurs et braconniers savent profiter de cette manne gratuite qui ne demande qu'un peu d'astuce pour en bénéficier.

Le potager et le verger

« Le long de l'allée du milieu, qui était plus large que les autres, ma femme planta ou sema des bouquets, comme des rosiers, des lis, des muguets, des passe-roses, des giroflées, d'autres qui sentaient bon, comme du basilic, de la menthe, du thym, de la lavande. » Des fleurs, des plantes aromatiques, et surtout des légumes : le jardin est d'abord un potager, un jardin vivrier. C'est lui qui procure l'essentiel de la soupe quotidienne. Il est conçu à l'imitation des jardins d'ermite, où poussaient légumes et plantes médicinales. Le premier dont nous ayons connaissance est celui de l'ermite d'origine irlandaise Fiachria, devenu précisément saint Fiacre, patron des jardiniers.

Jardins d'ermite ou de monastère, on y rencontre invariablement sept catégories de plantes : les légumes-racines (betterave, carotte, navet, scorsonère, salsifis...) ; les légumes verts (oseille, épinard, chou, blette...) ; les salades (laitue, pourpier, chicorée, raiponce, mâche...) ; les fournitures (estragon, cresson, roquette...) ; les plantes fortes (oignon, ail, échalote, poireau...) ; les herbes odoriférantes (basilic, thym, fenouil, sauge, romarin, violette...) ; les légumes-fruits (asperge, carde, concombre, artichaut, melon, citrouille...)

Ces mêmes plantes se retrouvent dans la plupart des potagers privés, à la campagne mais aussi en ville, où chacun, jusqu'au XVe siècle, cultive un potager derrière sa maison. C'est d'ailleurs dans ces jardins de ville que naît, à la fin du Moyen Âge, la coutume de planter des fleurs d'agrément.

Avec la découverte des Amériques, les jardins vont s'enrichir de légumes nouveaux : courges, topinambours, pommes de terre, poivrons, piments, haricots (venus des Andes), tomates (originaires du Pérou).

Bien clos par une haie serrée d'épineux, une palissade ou une murette pour le protéger des incursions des animaux errants, le potager rural jouxte la maison ou les dépendances, qui le protègent autant que possible des vents. Dans un angle bien abrité et bien exposé, on rencontre, dans le sud du pays, un figuier, un laurier sauce, ou un grenadier. Bien souvent y pousse une treille de vigne.

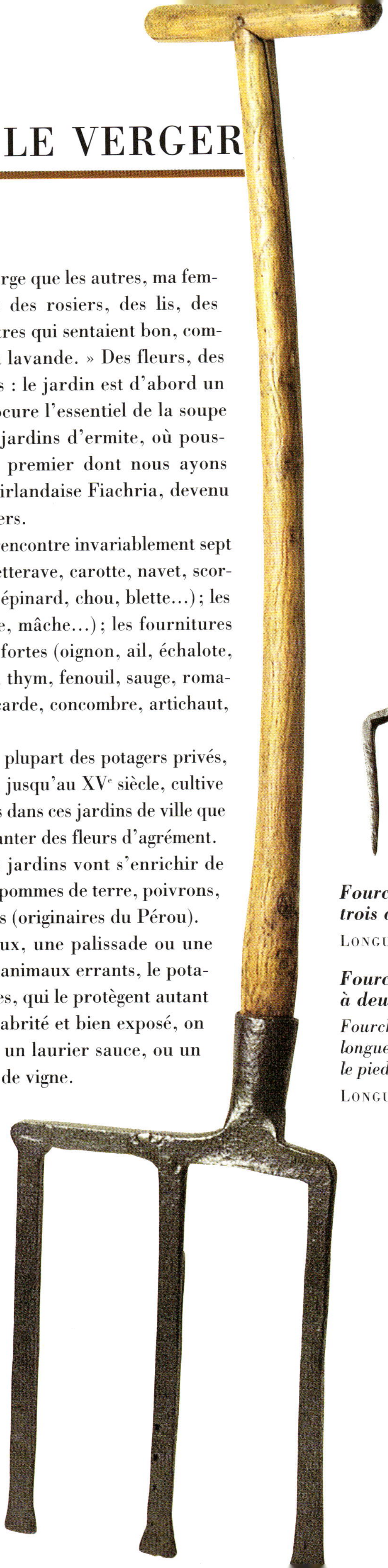

Fourche à défricher à trois dents – fer

Longueur : 120 cm

Fourche à défricher à deux dents – fer et bois

Fourche dissymétrique avec longue palette d'appui pour le pied.

Longueur : 114 cm

Fourche à défricher à trois dents, fer et bois

Fourche dissymétrique pour travailler le sol en profondeur.

Longueur : 130 cm

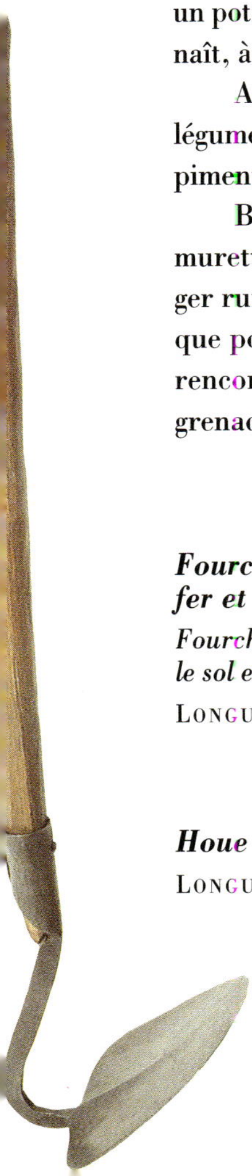

Houe à sarcler – fer et bois

Longueur : 100 cm

Bêche plate – fer et bois

Pelle-bêche rustique, tout en bois avec le tranchant renforcé par un fer.

LONGUEUR : 107 cm

Sabots de jardin, bois et cuir

Rateau de jardinier – fer

LONGUEUR : 41 cm

Croc à piocher – fer et bois

LONGUEUR : 85 cm

Bêche plate – fer et bois

Autre exemplaire à tranchant ferré, avec découpe d'appui pour le pied.

LONGUEUR : 127 cm

Plantoir – bois
Longueur : 39 cm

Plantoir – bois
Taillé dans une branche.
Longueur : 55 cm

Le verger est lui aussi proche des bâtiments, « les branches des pruniers pendent lourdement sous le poids des fruits ; les poires juteuses attendent le couteau ; les abricots offrent leur chair parfumée ; les pêches rouges et duvetés comme la joue d'une belle fille de village, appellent la morsure », les pommiers croulent de pommes à cidre ou à couteau et les cerises sont toujours meilleures mangées dans l'arbre… Tous ces fruits deviendront confitures, compotes, gelées, ou seront séchés sur des claies ou dans le four à pain.

Cultiver son jardin est tout un art : « Du poids de la pelle qu'on lance, on trace le côté de la motte à couper, puis on enfonce la lame en pesant du sabot sur son bord supérieur et en jouant un peu sur le manche. On soulève, on retourne. Deux coups fendent la motte, un troisième du dos de la lame l'égalise – deux sons clairs, un son mat – et déjà l'outil retombe pour tracer la pelletée suivante. […] Pour que la terre n'y colle pas, une bonne pelle doit être entretenue, il faut éviter qu'elle ne rouille : on la gratte au couteau de poche en fin de bêcherie, quelques-uns iraient jusqu'à graisser. » Et comme tout art, le jardinage a ses superstitions : par exemple, la tradition veut qu'on plante les haricots le Vendredi Saint avant trois heures, les laitues à la Saint Antoine et les oignons blancs le jour de la Saint Fiacre avant la grand'messe. Tout aussi importantes sont les phases de la lune : ainsi, sous peine d'insuccès, il faut planter en lune pleine, bêcher au changeant, enter (greffer) lorsqu'elle tourne.

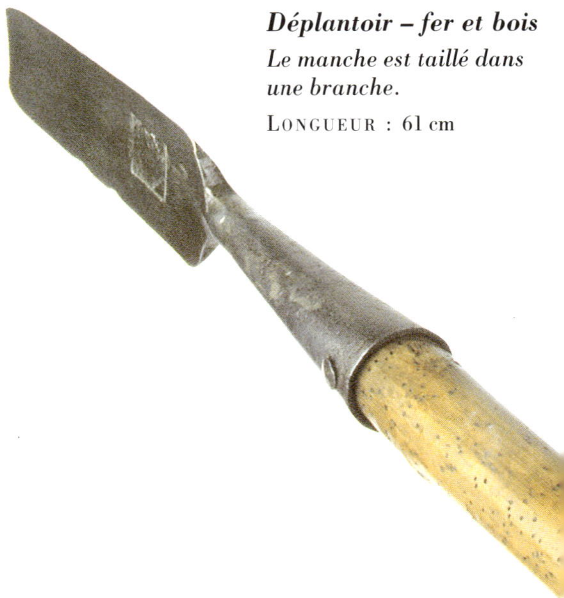

Déplantoir – fer et bois
Le manche est taillé dans une branche.
Longueur : 61 cm

Plantoir à pommes de terre – fer et bois
Longueur : 104 cm

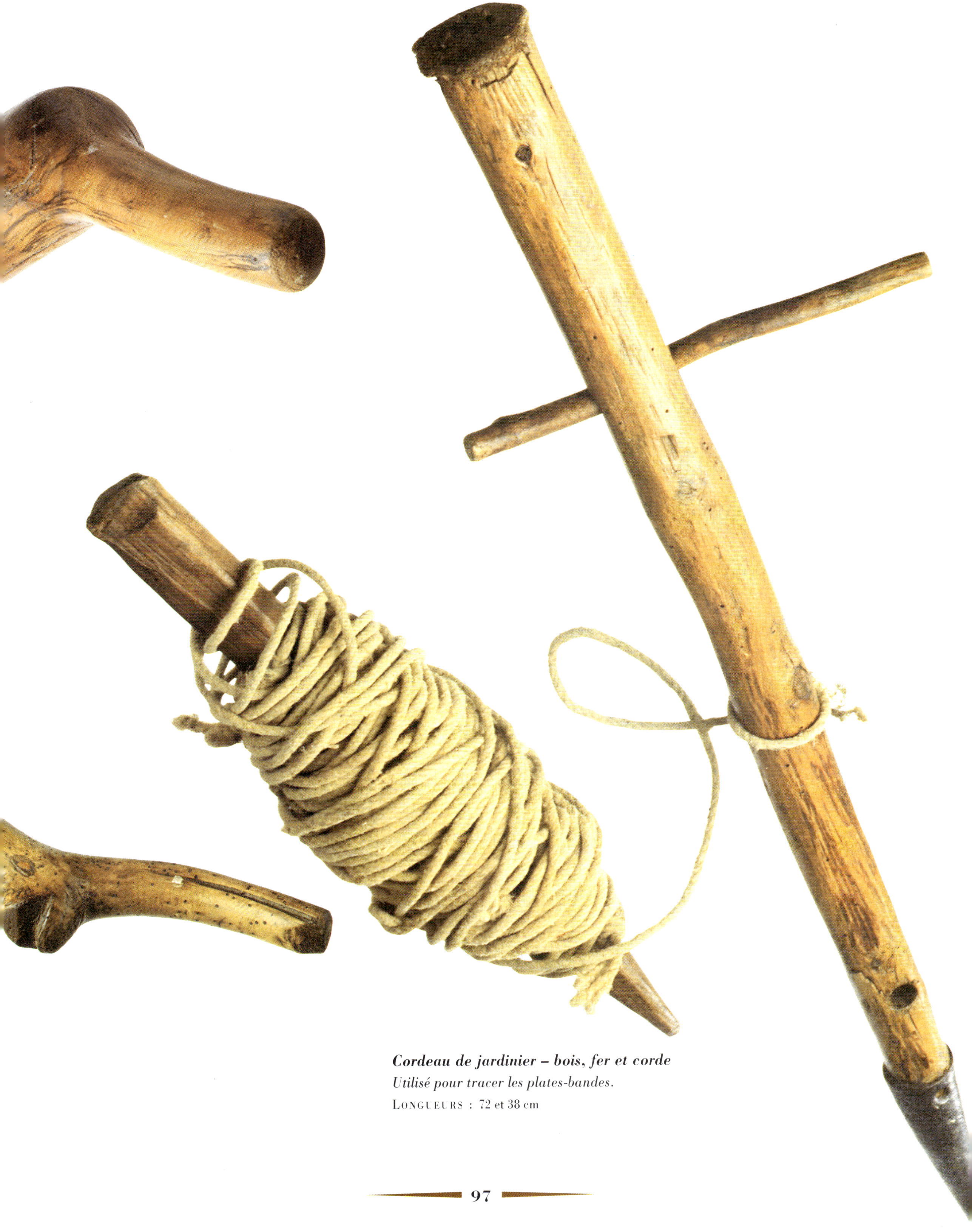

Cordeau de jardinier – bois, fer et corde

Utilisé pour tracer les plates-bandes.

LONGUEURS : 72 et 38 cm

Émondoir à écheniller – fer et bois

Pour intervenir dans les branches des arbres fruitiers.

LONGUEUR : 136 cm

Petite scie de jardinier

LONGUEUR : 43 cm

Cloche à melon – verre soufflé

DIAMÈTRE : 55 cm

Sécateur – fer et bois
Longueur : 21 cm

Près d'Agen, le séchage à l'étuve de la récolte de la prune d'Ente, pour la production de pruneaux.

LES ABEILLES ET LE MIEL

« Abeilles ! Vous avez changé de maître ! Je vous déclare que dès ce jour vous avez un nouveau maître » Une vieille croyance populaire occitane veut qu'à la mort du chef de famille, il faille aussitôt consoler et raisonner les abeilles, afin qu'elles ne quittent point le rucher. Car, toujours et partout, l'abeille est considérée avec un respect quasi sacré. Et le miel est mets des dieux, comme le rapporte une légende antique : Cybèle, la Grande Déesse, pour sauver son enfant, le cacha dans une grotte, où sa servante Mélissa le nourrit exclusivement du lait de la chèvre Amalthée et du miel de ses abeilles. Grâce à ce régime, l'enfant devint Zeus, le premier des dieux, car le miel lui avait apporté la connaissance, la richesse et la douceur.

Plus prosaïquement, les Provençaux affirment : « Si tu as mal à l'estomac, mange du miel et bois du lait. ». Affirmation confirmée par la médecine, qui a démontré que le miel contient des substances actives contre les ulcères, ainsi que des antibiotiques naturels.

Ruche dite "buc" – bois
Taillée dans un tronc d'arbre creux.
HAUTEUR : 87 cm

Ruche rustique – paille et noisetier tressés
HAUTEUR : 59 cm

Un rucher modèle au début du siècle, entièrement équipé en ruches "chalets" à cadres mobiles. Un de ces cadres est présenté par l'enfant au premier plan.

Ruche rustique

Faite d'une armature de noisetier recouverte de bouse de vache.

HAUTEUR : 79 cm

Aujourd'hui, l'apiculture est devenue une industrie. Mais, pendant des millénaires, elle procédait plutôt d'un savoir empirique : les ruches étaient cylindriques, à l'imitation des troncs creux où les abeilles logent à l'état sauvage. Pour attirer un essaim dans une nouvelle ruche, on utilisait une méthode assez pittoresque qui consistait à pisser à l'intérieur de la ruche, puis à la frotter d'une poignée de thym fleuri ! L'odeur avait, paraît-il, la vertu de favoriser l'enruchage. Pour récolter le miel, on n'hésitait pas à sacrifier les abeilles en les étouffant avec des vapeurs de souffre.

Des progrès significatifs sont apparus à la fin du XIXe siècle avec le remplacement progressif de l'étouffage par l'enfumage, qui se contente d'endormir les abeilles. À la même époque apparaît la ruche à cadres amovibles, la ruche Dadant, du nom de son inventeur.

Mais les abeilles, indifférentes à l'évolution, continuent à observer des comportements immuables : ainsi, elle préfèrent les ruches installées au midi, avec l'ouverture disposée à l'est.

Outre le miel, l'apiculteur recueille aussi le pollen et la gelée royale, stimulants et euphorisants, la propolis, substance résineuse qui servit, paraît-il, à Stradivarius pour élaborer le vernis de ses fameux violons, et même le venin, utilisé pour soulager les rhumatismes et les arthrites.

Couteau à désoperculer – fer et bois

Utilisé pour enlever les opercules fermant les alvéoles des rayons, avant d'extraire le miel.

LONGUEUR : 24 cm

Enfumoir à soufflet – fer-blanc, bois et cuir

LONGUEUR : 25 cm

Enfumoir à soufflet cuivre, bois et cuir

LONGUEUR : 33 cm

Lève-cadre – fer

Pour enlever les cadres mobiles des ruches perfectionnées .

LONGUEUR : 56 cm

Enfumoir à soufflet

LONGUEUR : 25 CM

Pot à miel – faïence

HAUTEUR : 18 cm

Enfumoir mécanique fer-blanc, bois et cuivre

Modèle perfectionné, équipé d'un ventilateur à manivelle.

LONGUEUR : 33 cm

Bûcherons et forestiers

« Ainsi que tous les enfants de par chez nous, je grimpais comme un écureuil. Des fois, lorsque je trouvais un grand arbre sur la cime d'une haute butte, je montais jusqu'au faîte, et je regardais l'immensité des bois qui s'étendaient à perte de vue sur les plateaux, les croupes et les creux ravinés. Ça et là, dans une éclaircie, une maison isolée sur la lisière de la forêt, un clocher pointu au-dessus des masses sombres des bois, ou la fumée d'une charbonnière, flottant lourdement comme une brume épaisse dans les combes et les fonds. [...] Quelquefois, le soir, on apercevait un paysan en bonnet de coton bleu [...], qui s'enfonçait dans les taillis, et allait au clair de lune pour guetter le lièvre [...] ou bien, sur une cafourche hantée par les loups, attendre, caché derrière une touffe de genêts, la bête à l'oreille pointue qui, au milieu de la nuit, vient hurler sinistrement en levant le museau vers la lune. Dans la journée, de loin en loin, on trouvait sur ces petits chemins un garde-bois, sa plaque au bras, venant donner de la bruyère à couper, ou du bois à faire ; et, plus rarement encore, une file de cinq à six mulets portant du charbon pour la forge des Eyzies. » Dans la forêt s'active tout un peuple laborieux de journaliers et de saisonniers, ramasseurs de fagots, fendeurs de bois merrains, tailleurs de piquets, charbonniers, écorceurs, bûcherons, scieurs de long, débardeurs de troncs...

Les taillis de châtaigniers sont mis à contribution pour fournir piquets de vignes et cercles de barriques. Les jeunes arbres bien droits sont tronçonnés en fonction de leur utilisation future : piquets de vignes basses, de vignes en espaliers ou tuteurs d'arbres. Selon leur grosseur, les tronçons sont utilisés tels quels ou refendus, puis appointés. Comme on n'a rien trouvé de plus économique et de plus résistant que le piquet de châtaignier pour soutenir les millions de ceps de vignes de France, cette activité artisanale reste très vivace.

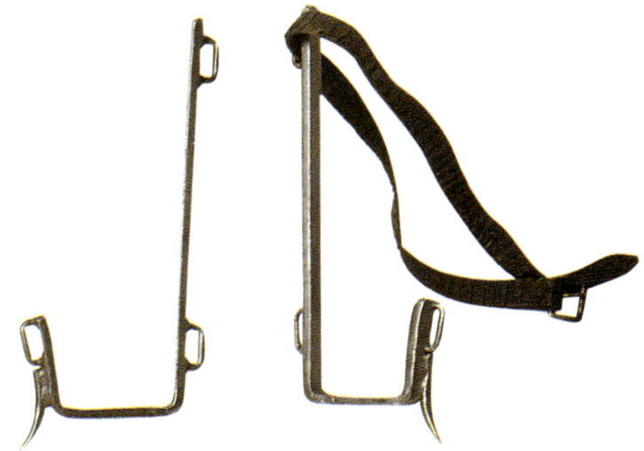

Crampons d'élagueur – acier
Attachés aux pieds, utilisés pour grimper aux arbres.
Longueur : 37 cm

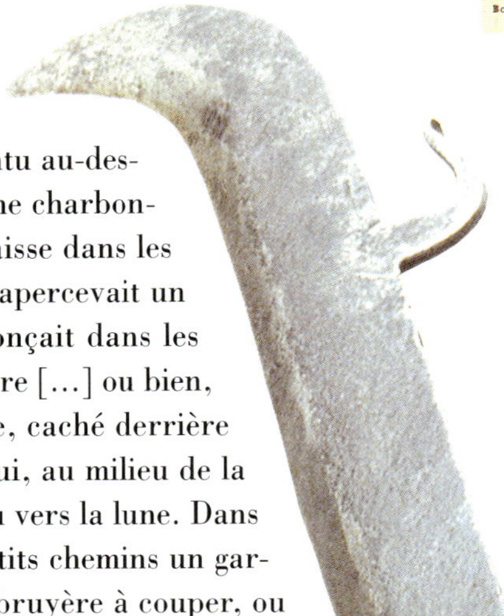

Serpe à bois – acier et cuir
Longueur : 48 cm

Serpe à bois – acier et bois
Serpe dite "piémontaise" pour couper les petites branches . Le crochet sert à dégager les branches enchevêtrées.
Longueur : 40 cm

Hacheron – acier et bois

Utilisé pour appointer les piquets.

Longueur : 33 cm

Fabrication d'un piquet

Le coutre est planté dans une pièce de bois, que l'on va fendre en vrillant la lame dans l'amorce de la fente.

Coutre ou départoir acier et bois

Sert à refendre le bois selon le fil afin de partager les grosses branches en plusieurs piquets.

Longueur : 48 cm

Croissant d'élagueur acier

Longueur : 60 cm

Pince à fagots – fer et bois

Pour serrer les branchages avant de les lier.

Longueur : 116 cm

En Aquitaine, le "feuillardier" fabrique des cercles de barriques en châtaignier refendu. Comme il travaille le bois encore vert, il se construit pour l'hiver une hutte-atelier au milieu des bois. L'ossature de l'abri est faite de jeunes arbres courbés, mais qui restent enracinés, la couverture s'effectue au fur et à mesure de l'avancement du travail par simple empilement des copeaux. Comme l'usage du cercle de barrique en bois se fait rare, les derniers feuillardiers en activité se consacrent surtout à la fabrication de mobilier rustique et de paniers en branches et lamelles de châtaigniers tressées.

Baliveaux et taillis fournissent également les poteaux de mine et le bois de carbonisation. Dans une clairière, le charbonnier construit ses meules en bâtissant la cheminée d'aération avec des bûches, puis en édifiant, avec du petit bois (la charbonnette) un cône dans lequel il ménage des évents. Le tout est recouvert de mottes de terre.

Nuit et jour, le charbonnier surveille, à l'oreille, la lente progression du feu. L'ouverture de la meule est un moment délicat : un coup de vent, et le feu reprend, réduisant le charbon en cendre et le travail du charbonnier à néant.

L'abattage des arbres est un métier dur, et qui le reste encore aujourd'hui malgré la mécanisation. Dans la parcelle d'arbres à couper, la coupe, se déroule tout un travail de préparation : nettoyage à la serpe et au croissant des petits taillis et des broussailles pour dégager le terrain, puis élagage des branches pour éviter que, dans leur chute, les arbres ne s'accrochent et s'endommagent : « D'abord les ébrancheurs grimpaient le long du tronc. Liés à lui par un collier de corde, ils l'enlacent d'abord de leurs bras, puis, levant une jambe, ils le frappent fortement d'un coup de

Coins en fer
Se glissent entre le tronc et la souche au fur et à mesure de l'avance de la scie passe-partout.
LONGUEUR : 13 cm, 32 cm

Coin – fer et bois
LONGUEUR : 30 cm

Hachette-marteau de forestier – fer et bois
Hachette à marquer les arbres à abattre. La partie hachette sert à écorcer localement le tronc, le marteau, qui porte en relief les initiales de l'acheteur, est frappé sur le bois. Cet exemplaire est marqué B. J.
LONGUEUR : 28 cm

pointe d'acier fixée à leur semelle. La pointe entre dans le bois, y reste enfoncée, et l'homme s'élève dessus comme sur une marche pour frapper de l'autre pied avec l'autre pointe sur laquelle il se soutiendra de nouveau en recommençant avec la première.

Et à chaque montée, il porte plus haut le collier de corde qui l'attache à l'arbre ; sur ses reins, pend et brille la hachette d'acier. [...] Dès qu'il arrive aux premières branches, il s'arrête, détache de son flanc la serpe aiguë et il frappe. Il frappe avec lenteur, avec méthode, entaillant le membre tout près du tronc, et, soudain, la branche craque, fléchit, s'incline, s'arrache et s'abat en frôlant dans sa chute les arbres voisins. Puis elle s'écrase sur le sol, avec un grand bruit de bois brisé, et toutes ses menues branches palpitent longtemps.

Marque de forestier – fer et bois

Porte les chiffres de 0 à 9.

DIAMÈTRE : 28 cm

Hache d'abattage

LONGUEUR : 135 cm

Scie passe-partout

Pour abattre les arbres, elle s'utilise comme sur le document photographique ci-dessus.

LONGUEUR : 198 cm

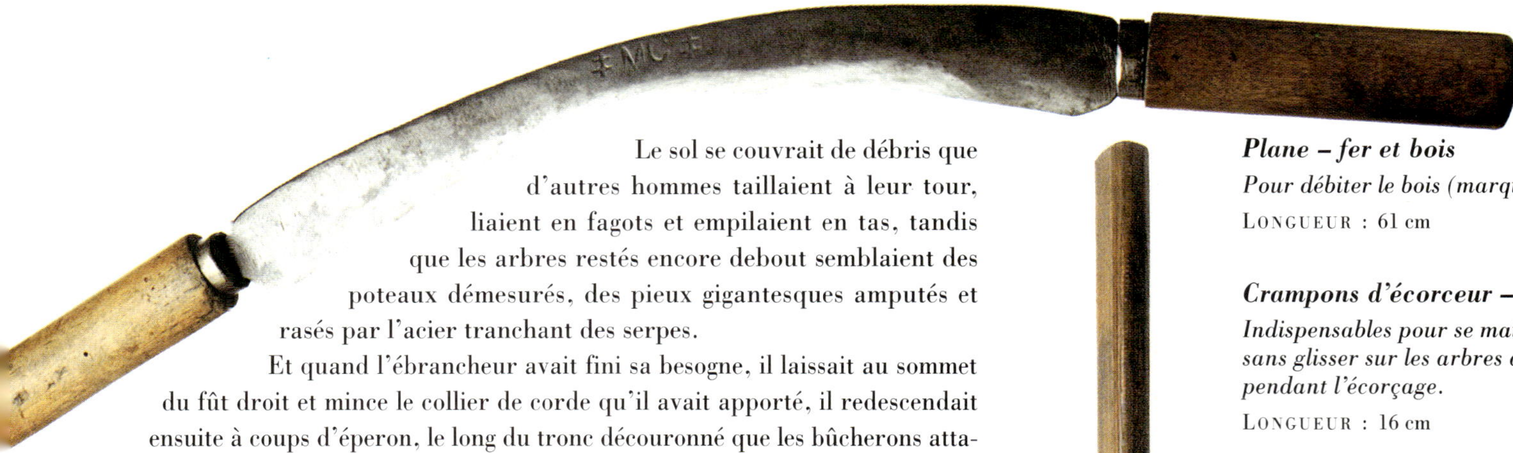

Le sol se couvrait de débris que d'autres hommes taillaient à leur tour, liaient en fagots et empilaient en tas, tandis que les arbres restés encore debout semblaient des poteaux démesurés, des pieux gigantesques amputés et rasés par l'acier tranchant des serpes.

Et quand l'ébrancheur avait fini sa besogne, il laissait au sommet du fût droit et mince le collier de corde qu'il avait apporté, il redescendait ensuite à coups d'éperon, le long du tronc découronné que les bûcherons attaquaient par la base, en frappant à grands coups qui retentissaient dans tout le reste de la futaie.

Quand la blessure du pied semblait assez profonde, quelques hommes tiraient, en poussant un cri cadencé, sur la corde fixée au sommet, et l'immense mât, soudain, craquait et tombait sur le sol, avec le bruit sourd et la secousse d'un canon lointain. »

Tronçonnées, écorcées, les billes de bois sont ensuite débardées. En montagne, les troncs sont descendus par gravité sur des traîneaux ou lancés dans des glissières de bois. Quand le terrain devient accessible, ou en plaine, on débarde sur des charrettes ou avec un diable à deux grandes roues, la triqueballe : « Métier très pénible aussi que celui de charger des troncs de dix à vingt mètres sur des voitures attelées de bœufs ou de chevaux, et d'autant plus difficile que pour manœuvrer ces lourdes charges nos voituriers ne disposent que d'un misérable cric dont ils savent tirer un ingénieux parti. [...] Les bœufs, impassibles aux cris et aux jurons, se raidissent sous le joug et, en dépit des obstacles qu'offrent des chemins défoncés par les pluies, avancent d'un pas lent [...].

Vers la tombée de la nuit, l'équipage arrive au terme de l'expédition : la scierie. »

À la fin du XIXe siècle, on utilisera soit la scierie mobile à vapeur, installée en lisière de la coupe, soit des téléphériques temporaires et des chemins de fer forestiers pour le débardage et le transport. Mais ceci est le début d'une autre histoire, où les coups de hache vont être étouffés par le grognement des tronçonneuses.

Plane – fer et bois
Pour débiter le bois (marquée M. C.).
LONGUEUR : 61 cm

Crampons d'écorceur – acier
Indispensables pour se maintenir sans glisser sur les arbres abattus pendant l'écorçage.
LONGUEUR : 16 cm

Hache à équarrir – fer et bois
Servait à équarrir les bois de charpente.
LONGUEUR : 81 cm

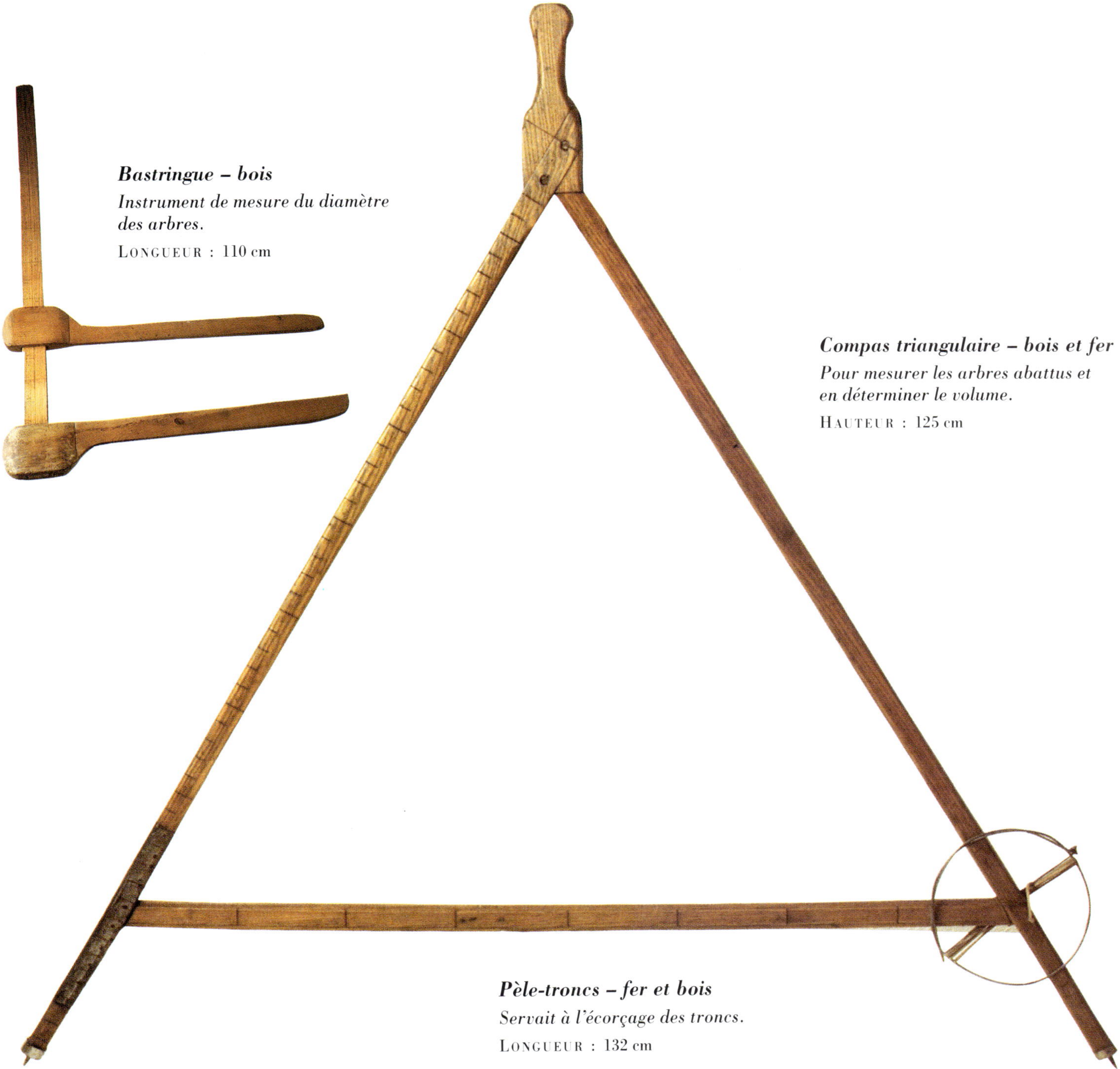

Bastringue – bois

Instrument de mesure du diamètre des arbres.

LONGUEUR : 110 cm

Compas triangulaire – bois et fer

Pour mesurer les arbres abattus et en déterminer le volume.

HAUTEUR : 125 cm

Pèle-troncs – fer et bois

Servait à l'écorçage des troncs.

LONGUEUR : 132 cm

Tourne-bille – fer et bois

Utilisé dans le débardage des bois pour manipuler les troncs.

LONGUEUR : 137 cm

PIÉGEURS ET BRACONNIERS

La tradition du piégeage repose sur une conception du monde animal à faire hurler les amis de la nature, qui consiste à distinguer les animaux utiles, à protéger, des nuisibles à détruire. Notion qui va évidemment à l'encontre de celles d'écosystème et d'équilibre des espèces.

Le véritable piégeage se distingue de la chasse avec pièges : tendre des collets pour capturer un lapin est une forme de chasse, poser des pièges ou des appâts empoisonnés pour éliminer les renards procède d'une volonté de détruire.

Au début du siècle, la liste des nuisibles officiellement reconnus est longue. Souvent, une prime récompense les captures. Selon les spécialistes de l'époque, en effet, le piégeage intensif des carnassiers se nourrissant de gibier est la seule solution pour repeupler les chasses...

On distingue alors les nuisibles proprement dits : le renard, le chat sauvage et la martre, qui dévorent le gibier ; le blaireau, qui mange les fruits ; la loutre, qui se nourrit de poissons ; la fouine et la genette, gourmandes d'œufs, de volailles, d'écureuils, d'oiseaux... Le putois, l'hermine et la belette, qualifiés de « petits vampires », sont classés comme petits carnassiers malfaisants. Sont également classés nuisibles la plupart des rapaces : l'autour, l'épervier, le milan royal, les busards, les faucons... Pas de pitié non plus pour les « coriaces », désignation des passereaux considérés comme causant préjudice au gibier : on peut ainsi massacrer à loisirs corbeaux, corneilles, choucas, pies, geais...

Le taupier ambulant venait offrir ses services de fermes en fermes.

Revolver à taupes – bronze
Le coup de feu est déclenché par la taupe lorsqu'elle appuie sur la palette.
LONGUEUR : 19,5 cm

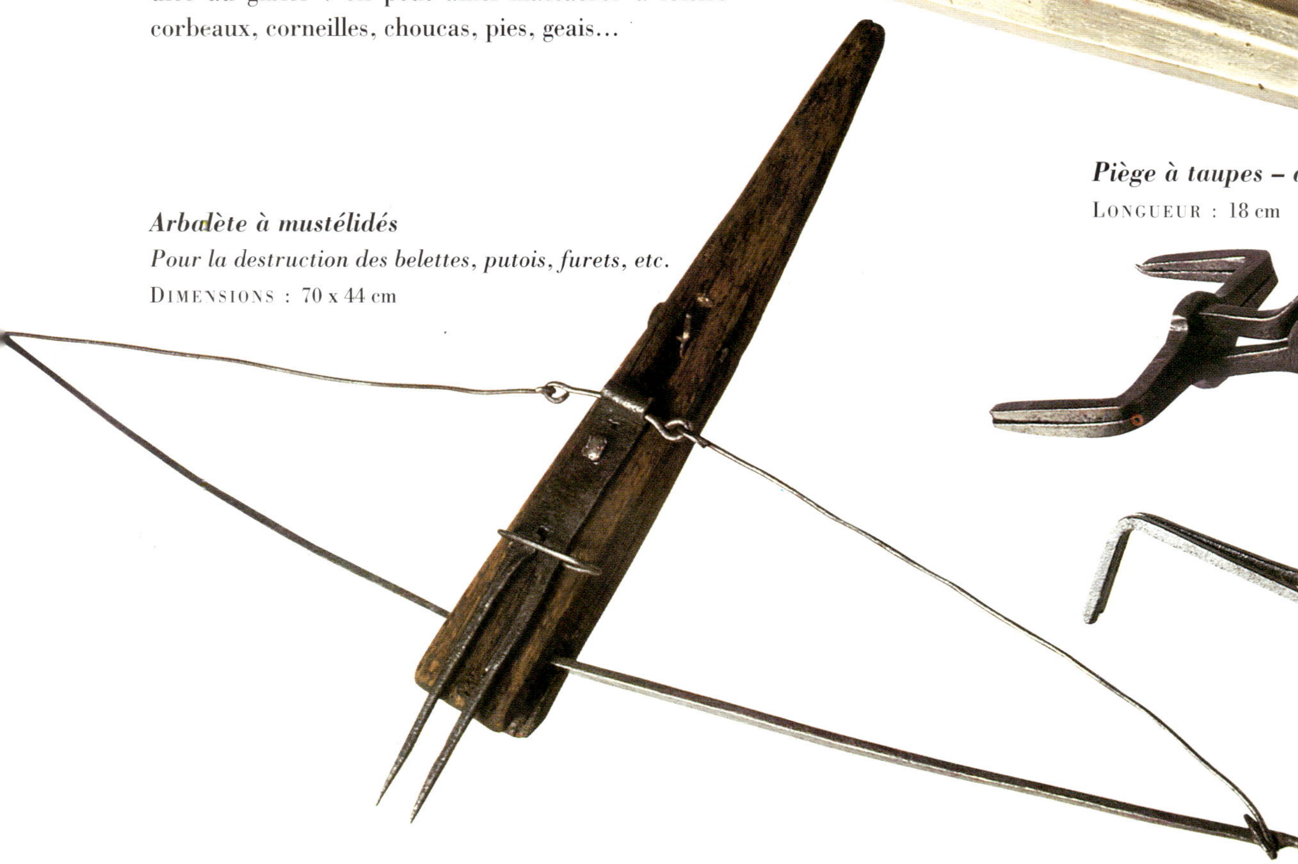

Arbalète à mustélidés
Pour la destruction des belettes, putois, furets, etc.
DIMENSIONS : 70 x 44 cm

Piège à taupes – acier
LONGUEUR : 18 cm

Piège à taupes – acier
LONGUEUR : 19 cm

Piège à ours et à loups – acier et bois
LONGUEUR : 81 cm

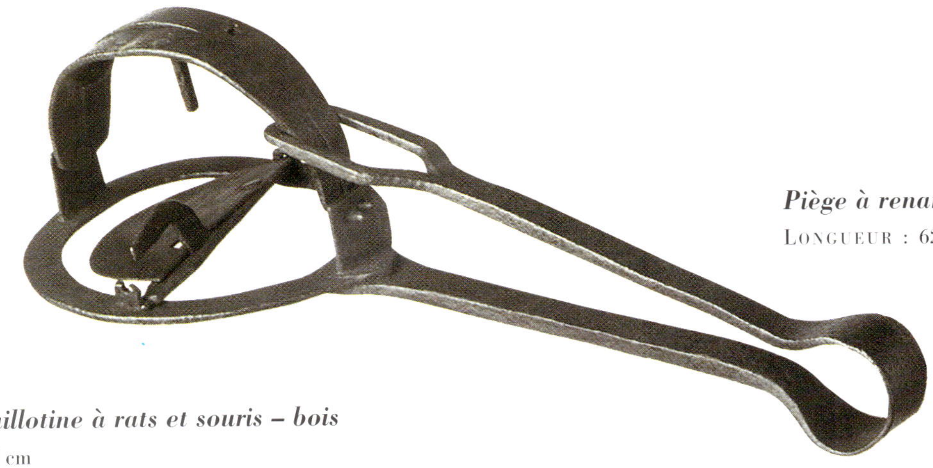

Piège à renards – acier
LONGUEUR : 62 cm

Assommoir guillotine à rats et souris – bois
LONGUEUR : 36 cm

Nasse à rats et souris – fer
LONGUEUR : 43 cm

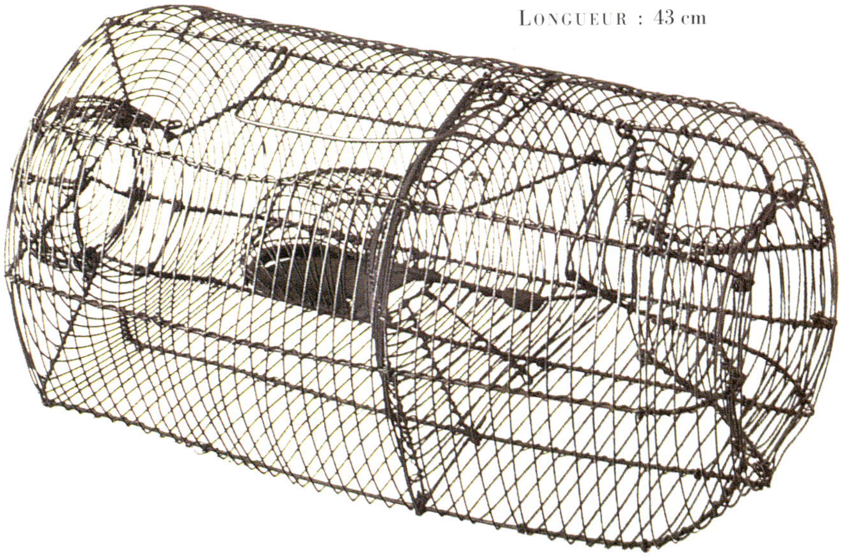

Appeau à passereaux corne et cuir
LONGUEUR : 12 cm

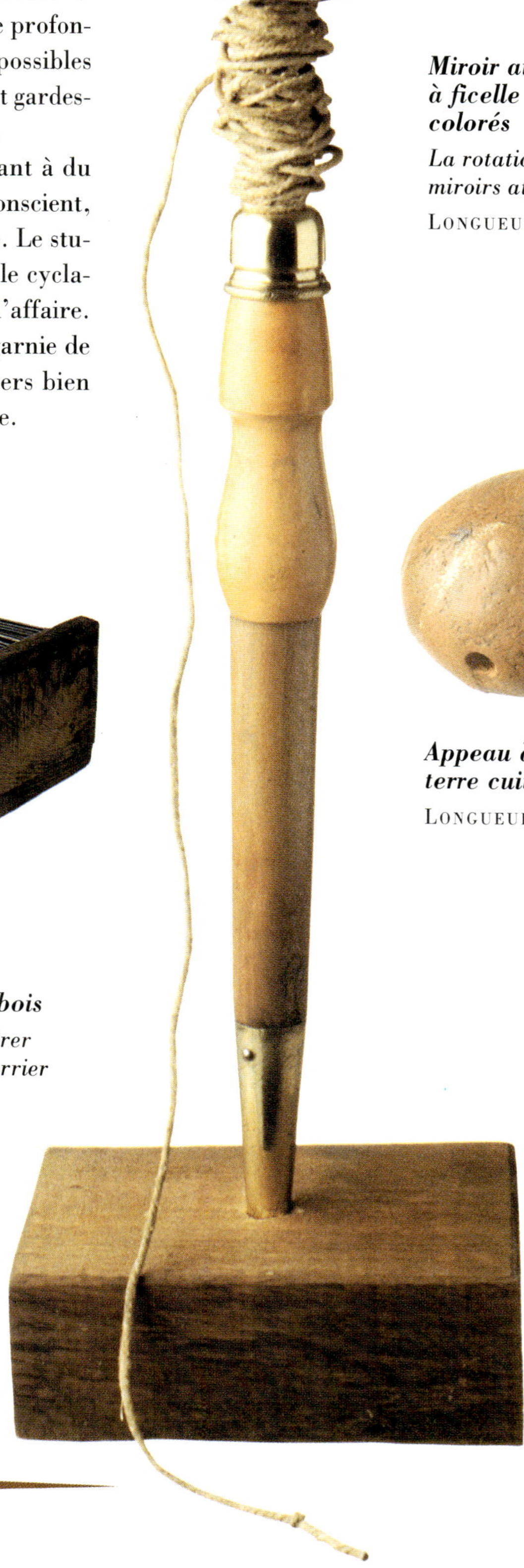

Miroir aux alouettes à ficelle – bois et verres colorés
La rotation rapide des miroirs attirent les alouettes.
LONGUEUR : 56 cm

Qu'il s'agisse de chasse ou de pêche, le braconnage recouvre deux activités fort différentes : le grand braconnage, où les animaux sont massacrés en grandes quantités, et le petit braconnage, qui exige une connaissance profonde des comportements animaux. Sans récapituler ici les méthodes possibles – il existe pour cela d'excellents manuels à l'usage des gardes-chasse et gardes-pêche – voici quelques techniques qui ne manquent pas d'originalité.

Droguer le poisson : on mélange un stupéfiant végétal puissant à du pain de chènevis, et on jette cet appât dans un étang. Drogué et inconscient, le poisson monte à la surface où il suffit de le ramasser à l'épuisette. Le stupéfiant le plus apprécié est la coque du Levant, mais l'euphorbe, le cyclamen, l'if, le thuya, les baies de cyprès et le chanvre roui font aussi l'affaire.

Pêcher le faisan, le canard, la perdrix... : une cordelette est garnie de bas de ligne terminés par des hameçons appâtés avec de beaux vers bien gras. L'oiseau avale le ver et se ferre lui-même en tirant sur la corde.

Chatouiller les truites : de nuit, avec la main, le braconnier fouille délicatement sous les grosses pierres. Dès qu'il repère une truite endormie, il passe la main sous le ventre du poisson, qu'il chatouille en remontant jusqu'aux ouïes dans lesquelles il enfonce brutalement le pouce et l'index. Plus pittoresque que dévastatrice, cette pêche permet surtout à ceux qui l'on pratiquée de se forger de bons souvenirs...

Appeau à passereaux terre cuite
LONGUEUR : 6 cm

Boîte à furet – fer et bois
La trappe permet de libérer le furet à l'entrée d'un terrier de lapin.
LONGUEUR : 30 cm

Piège à merles – nœuds coulants en crin, dévidoir en bois
LONGUEUR : 71 cm

Carafe à goujon – verre
Complète, avec son bouchon et sa cordelette.
LONGUEUR : 30 cm

Foëne à 3 dents
LONGUEUR (non emmanchée) : 24 cm

Carafe à goujons verre
Presque invisible une fois immergée, la carafe à goujons fonctionne comme une nasse : le poisson peut entrer mais ne peut ressortir. Le goulot est fermé par un bouchon.
LONGUEUR : 42 cm

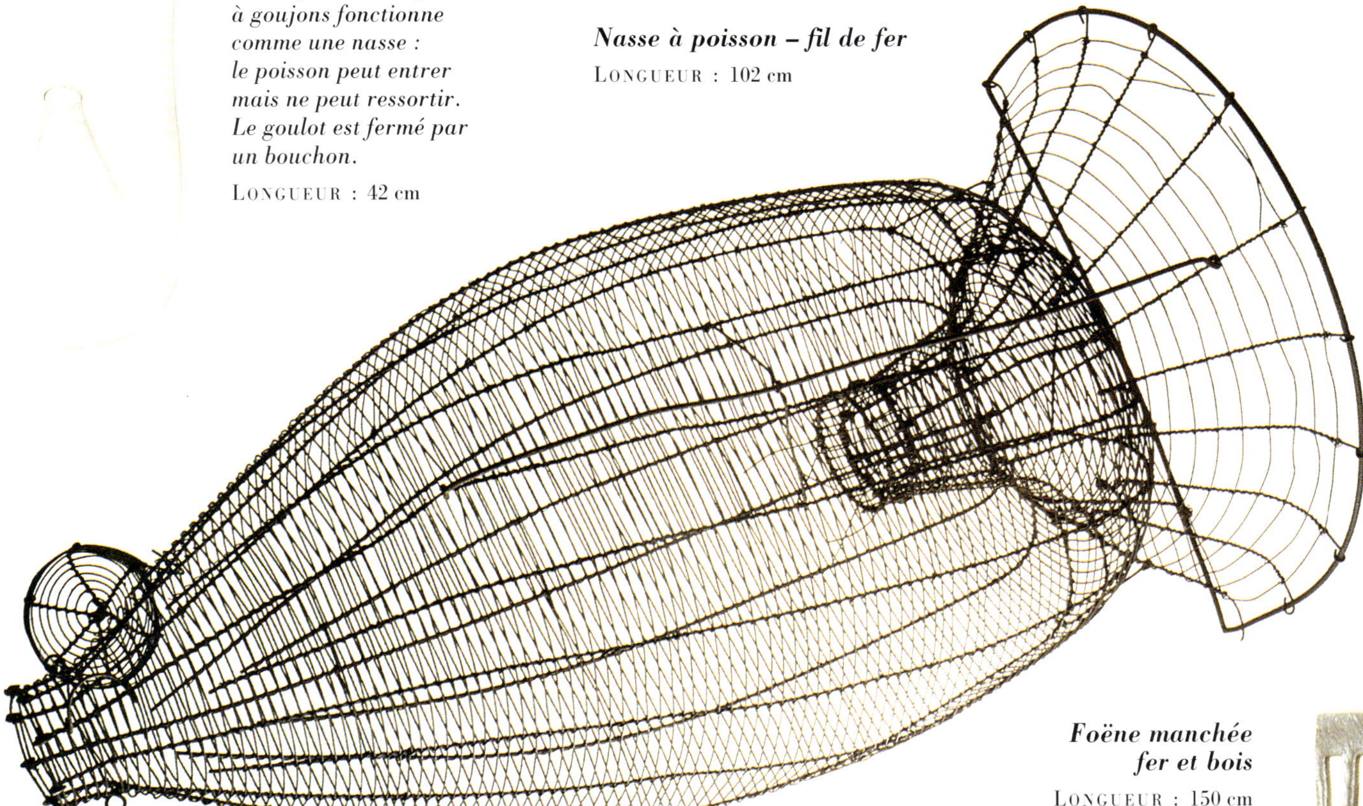

Nasse à poisson – fil de fer
LONGUEUR : 102 cm

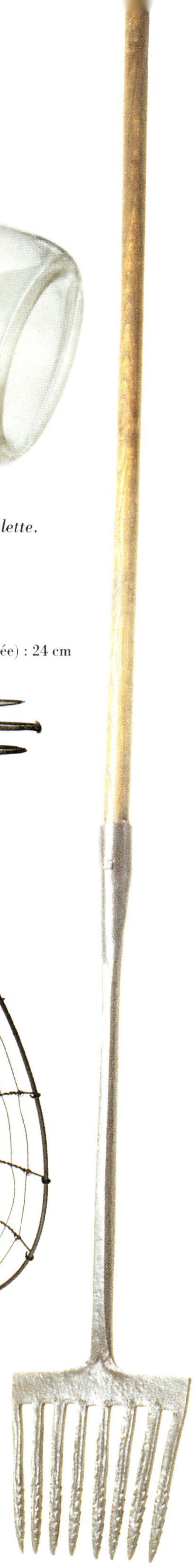

Foëne manchée fer et bois
LONGUEUR : 150 cm

LES OBJETS DU QUOTIDIEN

L'âme de la maison, c'est l'âtre, le foyer de la cheminée. D'ailleurs, ne recensait-on point, autrefois, les populations non pas en nombre d'habitants, mais en nombre de feux ? Ce feu qui ne s'éteint jamais, hiver comme été, source de chaleur et de lumière, est le cœur de la vie familiale. C'est autour de lui qu'on se regroupe, réminiscence de la tribu primitive, pour les longues veillées d'hiver. Et c'est là que s'exerce l'activité domestique la plus essentielle : la cuisine. La soupe y mijote dans la marmite de fonte suspendue à la crémaillère, viandes et poissons y rôtissent à la broche, tandis que les pommes de terre cuisent à l'étouffée sous la cendre. À l'inverse de notre mode de vie actuel, l'essentiel des objets du quotidien a trait à la nourriture et à sa préparation, les autres, assez peu nombreux, concernant l'eau potable, le chauffage et l'éclairage.

Cuisines et cuisinières

« Quelle cuisine ! Sur de gros contre-hâtiers de fer forgé, brûlait un grand feu de bois de brasse devant lequel rôtissait un gros coq d'Inde au ventre rebondi, plein de truffes qui sentaient bon. Au manteau de la cheminée, un râtelier fait à l'exprès portait une demi-douzaine de broches avec leurs hâtelets, placés par rang de taille. Accrochées à des planches fixées aux murs, des casseroles de toutes grandeurs brillaient des reflets du foyer, au-dessous de chaudrons énormes et de bassines couleur d'or pâle. Des moules en cuivre rouge ou étamés étaient posés sur des tablettes, et encore des ustensiles de forme bizarre dont on ne devinait pas l'usage. Sur la table longue et massive, des couteaux rangés par grandeur sur un napperon, et des boîtes en fer battu, à compartiments, pour les épices. Deux grils étaient là aussi, chargés, l'un de boudins, l'autre de pieds de porc, tout prêts à être posés sur la braise qu'une fille de cuisine tirait par côté de la cheminée. Il y avait encore sur cette table des pièces de viande froide et des pâtés qui faisaient plaisir à voir dans leur croûte dorée. » Émerveillé, le petit Jacquou le Croquant découvre, une nuit de Noël 1815, la flamboyante cuisine du château de l'Herm où se prépare un copieux réveillon. Quel contraste avec sa vie frugale dans une pauvre métairie : « Ayant mis la soupière sur la table, ma mère nous servit d'abord, mon père et moi, puis elle ensuite, et nous nous mîmes à manger de bon goût, ayant faim tous trois, surtout mon père qui avait passé presque toute la nuit dehors. Lorsqu'il eut mangé ses deux grandes assiettes de soupe, et bu, mêlée à un reste de bouillon, de mauvaise piquette gâtée, ma mère ôta les assiettes de terre brune, décrocha l'oule de la crémaillère et versa sur la nappe de grosse toile grise les châtaignes fumantes. C'est bon, les châtaignes blanchies lorsqu'elles sont vertes ; lorsqu'elle ont passé par le séchoir, ça n'est plus la même chose. Mais quoi ! il faut bien les manger sèches, puisqu'on ne peut pas les garder toujours vertes. Nous les mangions donc tout de même, avec des raves un peu grillées qui étaient au fond de l'oule, en triant les gâtées pour les poules. Lorsqu'il n'y eut plus de châtaignes, mon père but un plein gobelet de piquette, s'essuya les babines avec le revers de la main et se leva. »

Pourtant, château ou masure, les méthodes et les ustensiles de cuisine ne diffèrent guère, en ce début de XIXe siècle. Le seul mode de cuisson connu est le feu de bois, qui sert à tout : à faire bouillir, en suspendant les marmites à la crémaillère, ou, pour les récipients dépourvus d'anse, comme les pots et les casseroles, en les posant sur la servante, elle-même suspendue à la crémaillère. À rôtir, à la broche, les viandes et aussi les plus gros poissons. À griller ou à frire, sur les braises. À cuire à l'étouffée, sous la cendre...

Louche – bois
Longueur : 33 cm

Mortier et son pilon bois
Longueur : 27 cm

Presse-purée – fer-blanc et bois

Modèle à piston.

Dimensions : 27 x 22 cm

Flamboir à arroser le rôti fer-blanc et bois

Longueur : 58 cm

Presse à viande ou à fruits acier et bois

Dimensions : 40 x 24 cm

Hachoir rustique – fer et bois

Longueur : 16 cm

Râpe à croûtes de pain pour faire la chapelure – fer

Longueur : 16 cm

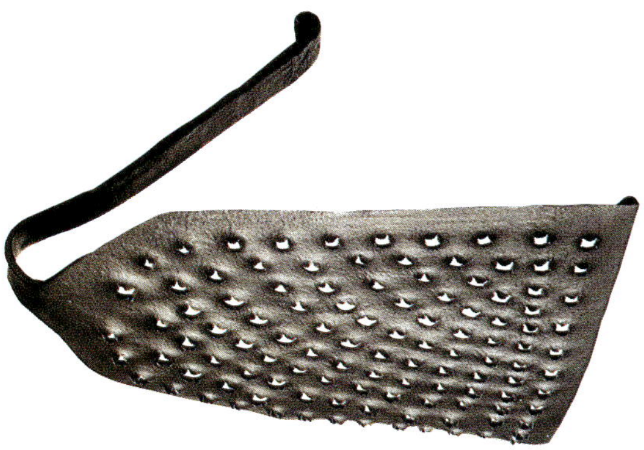

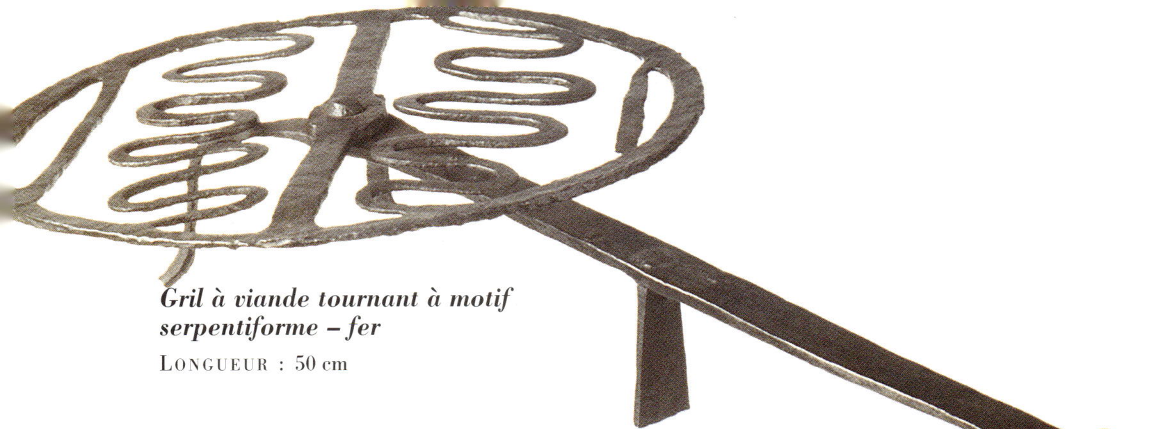

Gril à viande tournant à motif serpentiforme – fer
LONGUEUR : 50 cm

Écumoire – fer
LONGUEUR : 50 cm

Rares sont les maisons à posséder un potager. C'est une pierre percée généralement de deux trous, ronds ou carrés, de 15 à 20 centimètres de largeur, dont le fond est équipé d'une grille. Sur cette grille, on pose des braises prélevées dans la cheminée et le trou est utilisé comme une cuisinière. Son utilisation restait occasionnelle. Il existait aussi des potagers mobiles, meubles en carreaux de faïence, cerclés de métal.

Le fourneau de fonte, comme la cuisinière, n'apparaîtront que plus tard. Ils offrent des avantages appréciables : les ustensiles ne sont plus nécessairement en contact direct avec le feu et se salissent moins. Cependant, un système de plaques gigognes amovibles permet, si on le souhaite, de cuisiner à feu direct. La fumée, évacuée par un tuyau, ne pique plus les

Pelle à farine de ménage – bois
LONGUEUR : 28 cm

Cuillère de bois
LONGUEUR : 55 cm

Fourchette à rôti – fer
LONGUEUR : 42 cm

Passoire – cuivre et fer
LONGUEUR : 50 cm

"Toudeillo" – bois
Ustensile régional de l'Ariège, utilisé pour remuer la bouillie de maïs (le"millas"), cet instrument est taillé dans une cime de petit sapin dont on conserve les branchettes rayonnantes.
LONGUEUR : 62 cm

Machine à fabriquer les pâtes fraîches – laiton et fer
LONGUEUR : 51 cm

Boule à bouillon (ou à riz) – fer-blanc
DIAMÈTRE : 12 cm

yeux de la cuisinière, et les cendres ne risquent plus de voler dans la poêle. Mieux encore, ils comportent un four, alors que jusque-là, la cuisson au four n'était possible qu'en utilisant la tourtière ou le four à pain les jours de cuisson.

Ces fourneaux seront ensuite remplacés par les cuisinières à feu continu, à bois ou à charbon, souvent munies d'un réservoir d'eau, la bouillotte, qui permet de disposer en permanence d'une réserve d'eau très chaude.

Un mot, au passage, sur cet ustensile un peu particulier qu'est la tourtière (à ne pas confondre avec le plat du même nom, qui est une sorte de tourte à la viande, ou avec les tartes aux fruits, également appelées localement "tourtières"). Il s'agit d'une cocotte en fonte, à pieds, très employée dans le Sud-Ouest en particulier, pour cuire les viandes, les ragoûts et même la pâtisserie "feu dessus feu dessous" : sous la tourtière, on entretient un lit de braises, et on garnit le couvercle d'une couche de braises et de cendres chaudes. Les aliments cuisent ainsi à l'étouffée, sans se dessécher.

Pot à bouillon étain et porcelaine
Marmite à consommé dite "américaine" ou pot à jus de viande. La viande était cuite au bain-marie pour obtenir le bouillon.
HAUTEUR : 16,5 cm

Chaudron – cuivre
DIAMÈTRE : 20 cm
HAUTEUR : 18 cm

Bain-marie – récipients en porcelaine et cuivre, réserve d'eau en fer-blanc
DIMENSIONS : 27 x 37 cm

Réchaud à gaz d'alcool – cuivre et fer
HAUTEUR : 26 cm

Poêle à frire – tôle
LONGUEUR : 160 cm

Lèchefrite – terre cuite
LONGUEUR : 38 cm

Pot à cuire dit "oule" – terre cuite
DIMENSIONS : 21 x 19 cm

Petit réchaud à pétrole – fer
DIMENSIONS : 29 x 26 cm

Daubière – fer-blanc
Également appelée "tourtière". On remplissait de cendres chaudes et de braises le creux du couvercle.
DIMENSIONS : 32 x 18 cm

Pot à cuire dit "oule"– terre cuite
LONGUEUR : 32 cm

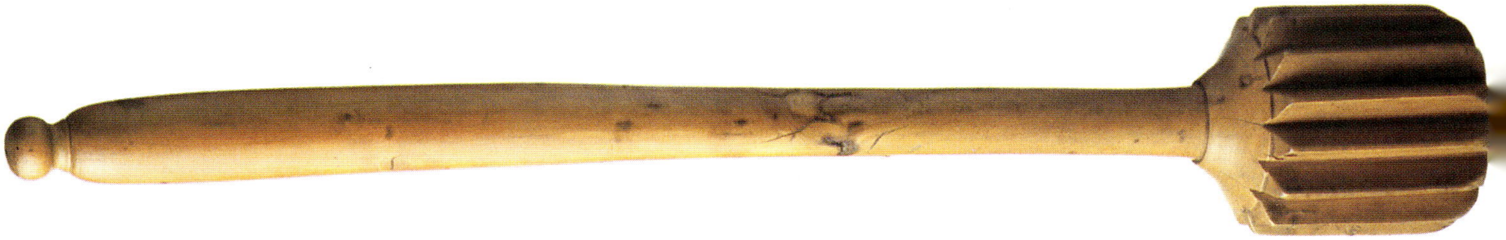

Tout repas commence par une bonne soupe chaude, qui constitue le plat principal, parfois même l'unique plat de résistance. La base d'une bonne soupe roborative, c'est le bouillon et le pain trempé. Ensuite s'y ajoutent, selon les saisons, et l'aisance de la maison, des légumes frais ou secs, une tranche de lard ou de jambon... Dans nombre de régions, on met à cuire dans le bouillon, qu'elle imprègne de son arôme, une farce de viande enveloppée de feuilles de chou.

Même pour les repas de fête, la soupe est de rigueur. Ce n'est qu'après que viendront les hors-d'œuvre, le plus souvent constitués par la charcuterie de la ferme, les poissons, de mer ou de rivière suivant les régions, les viandes, d'abord en sauce, puis rôties, la salade, les fromages et les multiples desserts...

Si l'on n'a invité que les proches parents, cela signifie pour le moins une bonne vingtaine de convives, donc une batterie de cuisine digne d'un restaurant. Et pour un repas de noces, qui peut rassembler cent personnes et plus, toutes les femmes de la famille se mettent en cuisine pour réussir un banquet comme celui-ci : « Quand nous fûmes assis tous, ma foi ça faisait une belle tablée. Ceux qui avaient les soupières en face d'eux servirent la soupe et on se mit à manger de bon appétit, car il était déjà midi. Après la soupe, on apporta le bouilli de chez nous : de la velle avec des poules qui avaient le ventre plein de farce jaune.

[...] Après le bouilli, on apporta des tourtières pleines d'abattis de dinde, de salsifis et de boulettes de hachis, et en même temps des poulets en fricassée.

Puis après on servit de la daube de bœuf.

[...] Ensuite de ça, les femmes portèrent sur la table deux grosses têtes de veau dans leur cuir, avec un

Fouet à chocolat ou "moussoir" – buis
LONGUEUR : 40 cm

Moule à gâteau – fer-blanc
DIAMÈTRE : 16 cm

Moule à gâteau – fer-blanc
DIAMÈTRE : 13 cm

Mesure à liquides fer-blanc
HAUTEUR : 26 cm

Gaufrier rond – fer
Longueur : 67 cm

Roulette coupe-pâte laiton
Longueur : 13 cm

Râpe à chocolat – fer, dessous bois
Longueur : 32 cm

Moule à beignets "papillon" – fer
Longueur : 31 cm

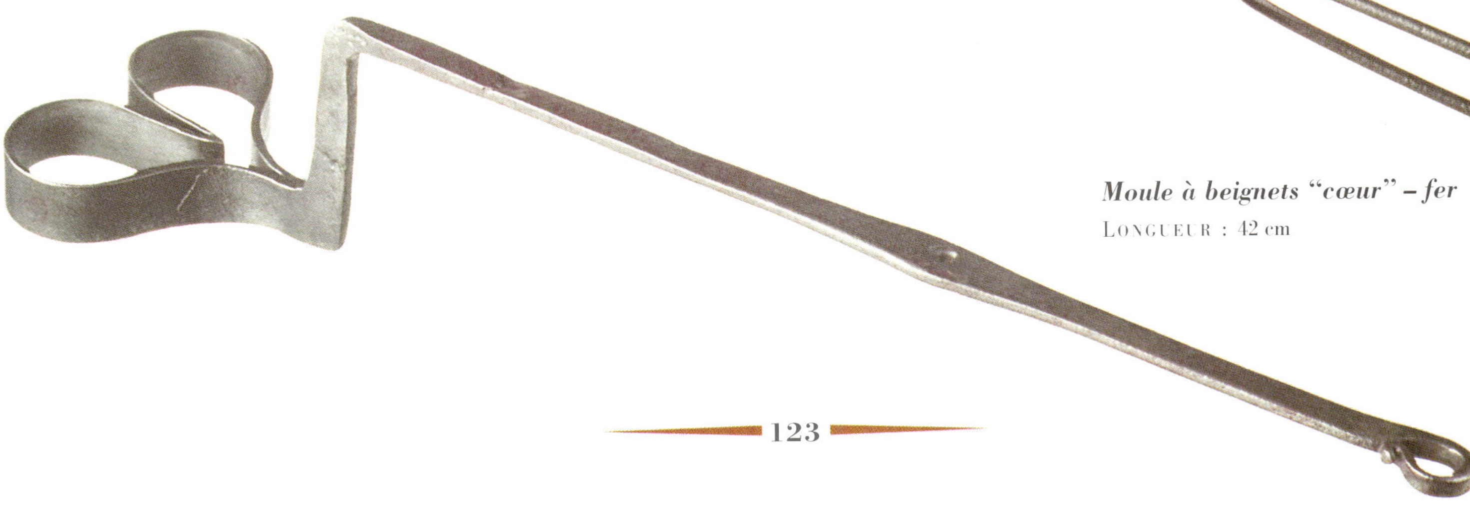

Moule à beignets "cœur" – fer
Longueur : 42 cm

bouquet de persil dans la bouche [...]. Avec une sauce au vinaigre, ça remettait un peu en goût de manger, aussi on ne laissa que les os des têtes.

Puis après on servit des canards farcis et des fricandeaux.

[...] Il y eut un petit moment de repos, et chacun devisait joyeusement en trinquant, pour ne pas rester sans rien faire, quand tout à coup les femmes portèrent trois gros dindons rôtis, et ma foi tout le monde les regarda avec plaisir.

[...] Pour la desserte, on couvrit la table de tourtes aux prunes, aux pommes, de massepains, de gaufres et de fruits : poires, pommes, raisins, noisettes, est-ce que je sais ? et avec ça de grands saladiers de crème. On n'avait pas oublié non plus de ces grandes tartelettes qu'on appelle des oreilles de curé, je ne sais pourquoi, et qu'on casse d'un coup de poing sur les assiettes : c'est sec, ça ne coule pas aisément, et il est forcé de boire dur en mangeant.

On porta enfin le café, et pour quelques-uns qui étaient là, c'était une chose rare. Quand on eut fait force brûlots, rincettes, surrincettes avec de l'eau-de-vie du pays, et pris du cognac, mon oncle alla chercher une grande bouteille de pinte et dit :

– Voici de l'eau-de-vie faite par mon grand-père il y a de ça quarante-cinq ou six ans. Je l'ai gardée depuis longtemps pour cette occasion.

Huilier – verre
HAUTEUR : 17 cm

Chaufferette individuelle terre cuite
DIAMÈTRE : 24 cm

Terrine dite "grésalle" terre cuite
DIMENSIONS : 49 x 24 cm

Porro ou "porron" – verre
Pour boire à la régalade.
HAUTEUR : 21 cm

Salière à décor fleuri – faïence
Hauteur : 9.5 cm

Bouteille à lait – opaline blanche
Hauteur : 28 cm

Chaufferette – terre cuite
La poignée sert également à introduire les braises.
Dimensions : 30 x 17 cm

Coquemard (pot à café ou à tisanes) – fer blanc
Hauteur : 18 cm

Porro (ou porron) – fer blanc
Hauteur : 25 cm

Bonbonne à huile ou vinaigre – terre cuite

En poterie plombifère (pour la bonne conservation des liquides).

HAUTEUR : 39 cm

Carafe – terre cuite

HAUTEUR : 21 cm

Cruche – terre cuite

HAUTEUR : 31,5 cm

Pot – terre cuite vernissée

Pour conserver saucisses et confits dans la graisse.

HAUTEUR : 22 cm

Carafe à lait – bois

HAUTEUR : 23 cm

Cruche – terre cuite vernissée
HAUTEUR : 31 cm

Carafe – terre cuite vernissée
HAUTEUR : 21 cm

Bonbonne – terre cuite en partie vernissée
HAUTEUR : 42 cm

Carafe – terre cuite
HAUTEUR : 24 cm

Cruche à eau – terre cuite vernissée
Dite "cruche de tête", parce que portée sur la tête.
HAUTEUR : 36 cm

[...] Et après avoir trinqué et bu, nous fûmes nous promener le long de la rivière, ce qui ne faisait pas de mal après être restés à table cinq heures d'horloge. »

Bien entendu, tout est fait "maison", et presque exclusivement avec les produits de la ferme. Mettre la poule au pot signifie donc très concrètement qu'il faut commencer par choisir et capturer le volatile dans la basse-cour, le sacrifier, le plumer, le vider, le flamber, le trousser avant même de commencer à le cuisiner...

Naturellement, les préparations se font exclusivement à la force du poignet. Le petit électro-ménager reste à inventer ! Les seuls instruments un peu perfectionnés sont les moulins à poivre et à café, à manivelle, et la baratte de ménage, également à manivelle.

Ce qui n'empêchait pas nos arrières-grands-mères de réussir des miracles d'ingéniosité culinaire, qu'il s'agisse des plats les plus simples ou des préparations les plus élaborées, tout en pratiquant élégamment l'art d'utiliser les restes. En voici quelques exemples.

Carafe fantaisie à caricature "cochon" faïence
HAUTEUR : 26 cm

Carafe fantaisie à caricature "troupier" faïence
HAUTEUR : 28 cm

Carafe fantaisie à caricature "politicien" – faïence
HAUTEUR : 28 cm

Casse-noisettes "caricature" – merisier

LONGUEUR : 20 cm

Casse-noix – fer

Réversible : un côté casse-noix, un côté casse-noisettes.

LONGUEUR : 16 cm

Casse-noisettes "caricature au chapeau" – noyer

HAUTEUR : 19 cm

Casse-noisettes – bois peint

LONGUEUR : 20 cm

Maillet à casser les noix – buis, banneton – paille et noisetier

LONGUEUR : 34 cm

L'omelette à la graisse de foie gras

Quand vous mangez un pâté ou une terrine de foie gras, recueillez sa graisse avec les quelques débris de foie ou de viande de porc truffée qui s'y trouvent. Battez environ huit œufs, salez-les avec modération, ajoutez une pincée de poivre et de poudre de quatre épices.

Mettez à chauffer dans une poêle la graisse du pâté. Quand elle est chaude, incorporez-la aux œufs battus, en fouettant avec vigueur.

Remettez la poêle à chauffer à feu vif, et jetez-y le mélange. L'omelette sera tendre, juteuse et bien rissolée.

Les beignets de fleurs d'acacia

Probablement le plus économique des desserts ! Cueillez en saison des petites grappes de fleurs d'acacia encore humides de rosée. Égouttez-les et disposez-les sur un linge. Préparez une fine pâte à beignets avec trois cuillerées de farine, un jaune d'œuf, du sel et de l'eau-de-vie. Ajoutez ensuite le blanc de l'œuf battu en neige. Enfin, trempez une à une les grappes d'acacia dans la pâte et mettez à frire dans l'huile très chaude. Saupoudrez les beignets de sucre cristallisé. Le parfum de la fleur d'acacia est aussi délicat que celui de la fleur d'oranger.

Couronne d'office – fer

Pour suspendre, sécher et fumer les saucissons, gibiers, andouilles.

Diamètre : 31 cm

Porte-bouteilles osier

Hauteur : 62 cm

Glacière d'office – bois et tôle de zinc

Un des premiers meubles réfrigérants : la glace, descendue quotidiennement des montagnes, puis, plus tard, fabriquée par les glacières industrielles, était introduite par la trappe de gauche.

Dimensions : 70 x 62 cm

Chauffe-plats ou réchaud de table – terre cuite
LONGUEUR : 26 cm

Chauffe-plats à alcool ou réchaud de table – laiton, poignée bois
LONGUEUR : 31 cm

Chauffe-plats ou réchaud de table – fer, dessus laiton
DIAMÈTRE : 27 cm

Égouttoir à couverts fer-blanc
HAUTEUR : 27.5 cm

Égouttoir à vaisselle – bois
DIMENSIONS : 53 x 35 cm

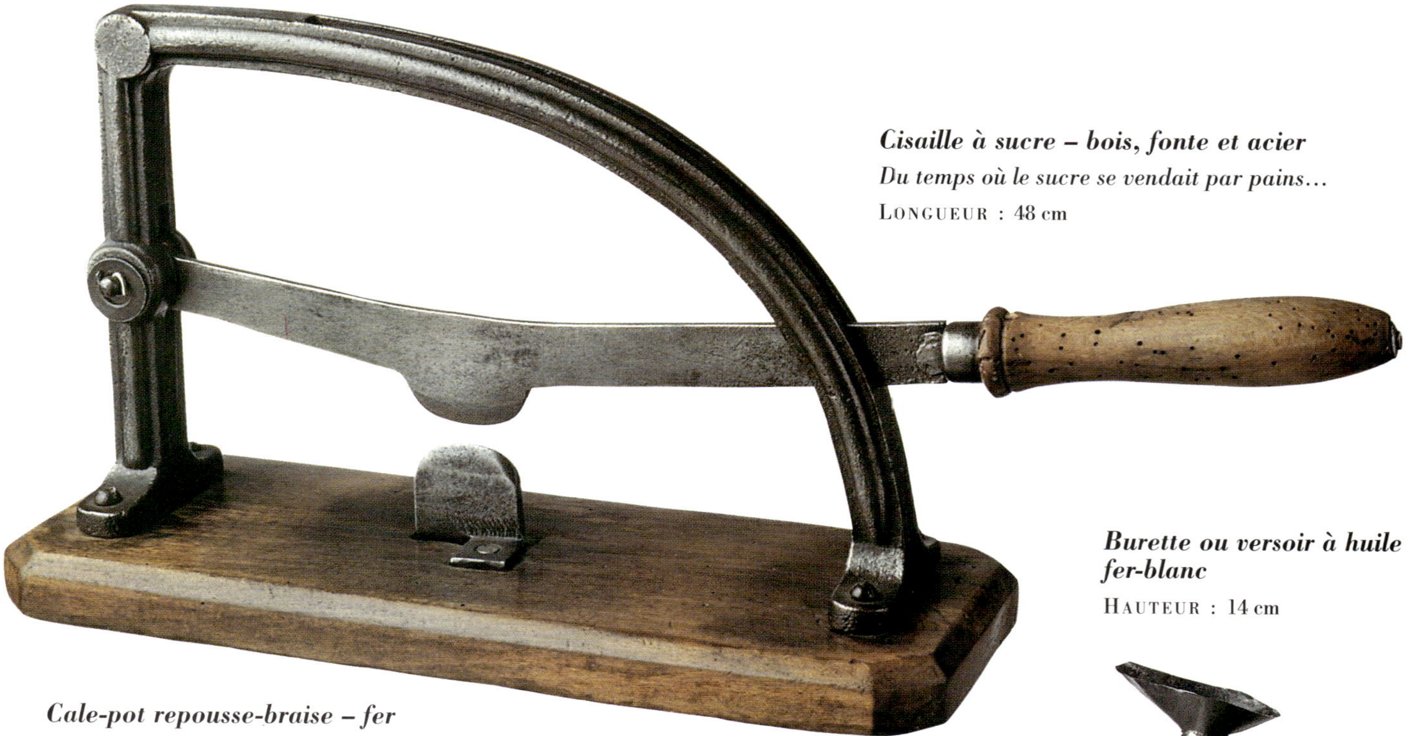

Cisaille à sucre – bois, fonte et acier
Du temps où le sucre se vendait par pains…
LONGUEUR : 48 cm

Burette ou versoir à huile fer-blanc
HAUTEUR : 14 cm

Cale-pot repousse-braise – fer
Servait à garder un pot au chaud en lui évitant le contact direct des braises.
LONGUEUR : 21 cm

Baratte de ménage à manivelle – bois et fer
HAUTEUR : 44 cm

Burette à huile fer-blanc
HAUTEUR : 14 cm

Dénoyauteur – fer, bois et porcelaine
LONGUEUR : 27 cm

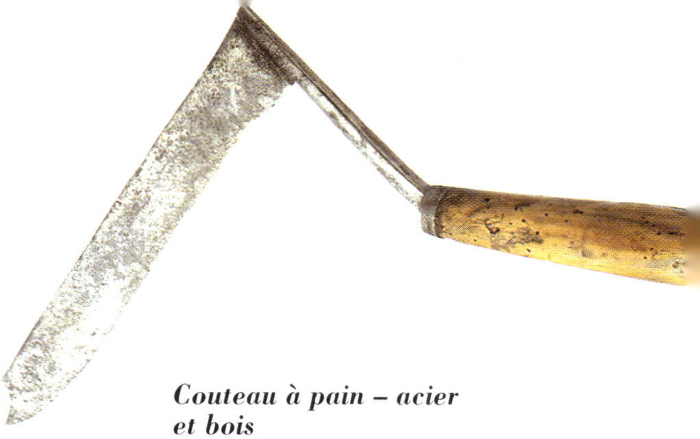

Couteau à pain – acier et bois
LONGUEUR : 38 cm

Coupe-sucre – acier
LONGUEUR : 23 cm

Baratte verre de ménage – fer et verre
HAUTEUR : 34,5 cm

Grille-pain – fer
Pour présenter la tranche de pain à la braise.
LONGUEUR : 33 cm

La dinde en daube

Cette recette permet de transformer en une excellente daube une petite dinde pas très grasse ou plus très jeune. Une fois l'animal vidé et bien essuyé avec un linge fin, remettez le foie à l'intérieur avec une belle tranche de pain grillé frotté d'ail. Recousez l'estomac et troussez la bête en rabattant la peau du cou sur l'estomac.

Mettez à cuire dans une tourtière avec de la graisse d'oie ou de porc et une couenne de lard. Une fois la dinde bien dorée de tous côtés, salez, poivrez, ajoutez un bouquet garni, quelques rondelles de carotte, des petits oignons. Flambez avec un petit verre d'eau-de-vie et deux verres de vin blanc. Mouillez avec un peu d'eau tiède et laissez cuire "feu dessus feu dessous" pendant trois ou quatre heures. Ainsi préparée, la dinde – qu'il n'aurait pas été facile de vendre au marché ! – est devenue un régal.

Brûloir à café – fer-blanc
Longueur : 44 cm

Le gâteau de bœuf

Cette recette permet d'utiliser astucieusement les restes de bouilli de bœuf ou de veau. Hachez la viande grossièrement avec une tranche de lard gras salé, de l'ail, des échalotes, du persil, des fines herbes et, si possible, un ou deux cèpes.

Faites fondre une cuillerée de graisse dans une poêle et faites cuire dix à douze minutes avec deux tomates. Dès qu'il commence à rissoler et à embaumer, retirez le mélange du feu et disposez-le dans un plat à gratin bien huilé.

Faites cuire une dizaine de pommes de terre à la vapeur ou sous la cendre. Pelez-les et écrasez-les encore chaudes, soit avec un pilon presse-purée, soit à travers une passoire avec un pilon de bois. Ajoutez-y une cuillerée de graisse fine, trois jaunes d'œufs, salez, poivrez.

Battez en neige les blancs des œufs et ajoutez-les à la purée. Couvrez la farce avec la purée et mettez à dorer vingt minutes, toujours "feu dessus feu dessous". Et savourez !

Cafetière – fer-blanc
Hauteur : 30 cm

Moulin à café – bois et laiton
Hauteur : 27 cm

Moulin à café fer-blanc

DIMENSIONS : 17 x 12 cm

Moulin à café ou à poivre – noyer et cuivre

Beau moulin de ménage du XVIIIe siècle.

HAUTEUR : 24 cm

Boîte à sel – bois

HAUTEUR : 33.5 cm

Cafetière à grande capacité – fer-blanc

Utilisée lors des battages ou des grands travaux qui rassemblaient plusieurs dizaines d'ouvriers.

HAUTEUR : 50 cm

Boîte à épices fer-blanc, bouton en porcelaine

HAUTEUR : 22 cm

Boîte à sel ronde – bois

HAUTEUR : 31 cm

LES OBJETS DE LA MAISON

« Dans la pièce enfumée, une grande table, éclairée seulement par un unique chaleil suspendu au plafond, réunissait toute la famille. Mais la principale lueur venait du feu de bois qui pétillait dans la cheminée. Dans le cantou, un vieil homme mangeait sa soupe, une assiette à calotte sur les genoux. Un très jeune enfant, appuyé sur la table, s'était endormi, la tête entre les bras. Deux femmes, tout en tisonnant, s'affairaient autour d'une grosse marmite noire suspendu à la crémaillère. Par la porte du fond, un homme entra, portant une seille. »

Cette description d'un intérieur périgourdin bien réel, vers le début des années trente, pourrait s'appliquer à bien d'autres régions. Précisons qu'ici le chaleil est la lampe à huile, le cantou le coin intérieur de la cheminée et une seille, un seau. Et cet intérieur est loin d'être misérable : c'était la demeure d'un maréchal-ferrant, profession où l'on gagnait fort correctement sa vie.

La pièce principale, et bien souvent unique, de l'habitation paysanne est la cuisine, à la fois cuisine proprement dite, salle à manger – l'habitude s'en est conservée –, salle de réception et, fréquemment, chambre à coucher. Cette salle commune comprend toujours une cheminée, un évier et un placard. Le sol, selon les régions, est dallé de pierre, carrelé de terre cuite, ou, dans les maisons les plus pauvres, simplement en terre battue.

Le mobilier est simple : une grande table, des bancs plutôt que des chaises, une maie qui sert de pétrin et de huche à pain. Quand des lits sont installés dans la cuisine, ils sont généralement à baldaquin et clos d'épais rideaux.

Sur l'évier, on trouve la seule réserve d'eau potable de la maison, le seau, accompagné de l'indispensable godet. Rempli d'eau et posé en équilibre sur le seau, le godet libère lentement un filet d'eau par son manche creux, permettant ainsi de se laver les mains.

La corvée d'eau est fréquente et pénible. Marcher jusqu'à la fontaine ou remonter les seaux du puits à la force des bras n'est pas une

Fer à repasser à gaz – acier
LONGUEUR : 18,5 cm

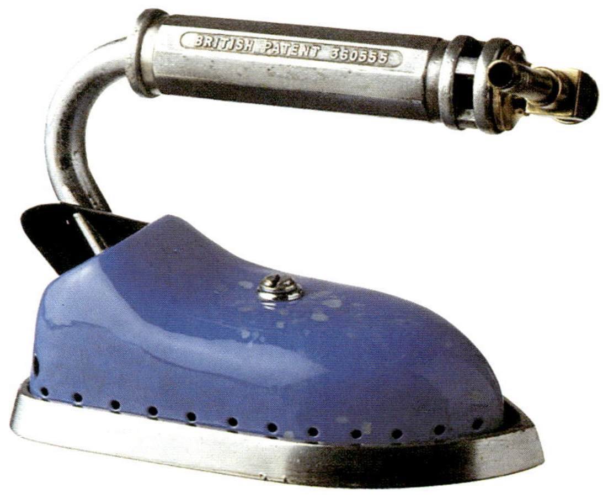

Gobes-mouches – verre
Les mouches, guêpes et autres insectes fâcheux viennent se noyer dans l'eau sucrée contenue dans le fond du récipient (manquent les bouchons de liège).
DIAMÈTRE : 22 cm, 16 cm

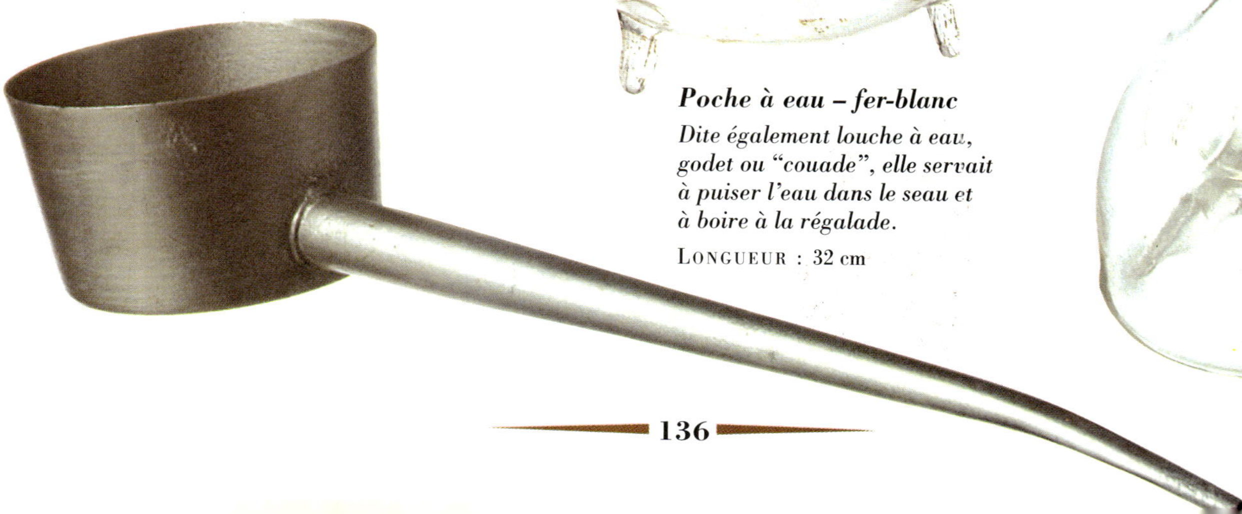

Poche à eau – fer-blanc
Dite également louche à eau, godet ou "couade", elle servait à puiser l'eau dans le seau et à boire à la régalade.
LONGUEUR : 32 cm

Joug ou jouquet – bois et fer
À poser sur les épaules pour transporter simultanément deux seaux d'eau ou de lait
LONGUEUR : 105 cm

Panier à escargots – fil de fer
DIAMÈTRE : 38 cm

Séchoir à linge – paille tressée
Grâce à un brasero intérieur, le linge posé sur la grille pouvait sécher efficacement.
DIMENSIONS : 80 x 60 cm

Seau à eau façon tonneau – bois et fer
HAUTEUR : 34 cm

mince affaire, et gare au maladroit qui laisse se décrocher le seau : « Le treuil envoya la seille au fond en grande vitesse en faisant un iou-iou-iou-iou joyeux et pressé, et il y eut à trente mètres plus bas un plouf ! suivi de longs frissons de chaîne, de fourmillements d'eau troublée, et de silence. La seille s'était décrochée, était au fond de l'abîme ! Malheur ! [...] Pour repêcher une seille sous dix mètres d'eau, au bout de quarante mètres de corde, il faut du tact, de l'adresse [...] le liquide amortit les mouvements, fausse les sensations, la paroi accroche le grappin et le seau se présente à ses pointes toujours du côté le plus défavorable. De sorte que c'est une pêche aussi passionnante que celle de la truite. »

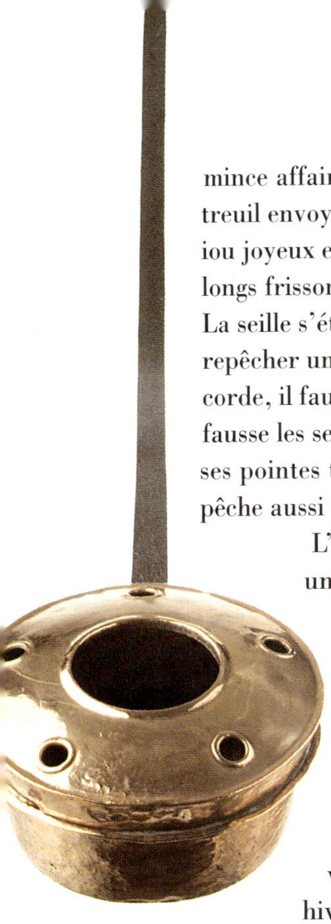

L'équipement de la cheminée est très simple : une crémaillère, une paire de chenets en fer ou en fonte, le tisonnier, les pincettes et la pelle à braise. Le linteau sert d'étagère, à un clou pend le calendrier des Postes, au manteau est suspendu le fusil. Utile et double précaution : il est ainsi à portée de main et hors de portée des enfants.

Cette cheminée est généralement l'unique chauffage de la maison. Seules les maisons dites "de maître" possèdent une cheminée dans chaque pièce d'habitation. Souvent, la porte d'entrée reste grande ouverte toute la journée, hiver comme été, pour faciliter les allées et venues, faire entrer plus de lumière et évacuer la fumée. Ce n'est qu'au soir que la porte est close et que tous se rassemblent autour du feu pour la veillée.

La seule parade contre le froid et l'humidité consiste à s'habiller chaudement en superposant les vêtements, et, la nuit, à empiler couettes et courtepointes. Avant de se coucher, on réchauffe l'intérieur du lit avec le moine avant d'y glisser une bouillotte ou une brique de terre cuite. Le sommeil se déroule dans une confortable tiédeur, mais se lever dans le froid pour enfiler ses vêtements glacés a tout du supplice chinois !

Bassinoire ou chauffe-lit – cuivre *(à gauche)*
LONGUEUR : 110 cm

Chaufferette portable – cuivre *(en bas à gauche)*
Pour réchauffer les mains ou chaufferette de voyage.
LONGUEUR : 22 cm

Bouillotte de lit – grès
HAUTEUR : 28 cm

Bouillotte de lit – laiton
Hauteur : 32 cm

Moine – noyer
Glissé entre les draps, le moine chauffait agréablement le lit.
Longueur : 110 cm

Chaufferette à suspendre au moine – cuivre
Diamètre : 31 cm

Chaufferette à pieds – laiton
Longueur : 36 cm

La bougie et la lampe

« Aussitôt allumé, aussitôt de la fumée, et dans un rien de temps, ni fumée, ni lumière. » Fumante et gourmande d'huile, la lampe à huile, ou caleil, n'éclairait guère mieux qu'un lampion, et la multiplication des mèches ne faisait qu'augmenter sa consommation. Elle fut pourtant le moyen d'éclairage le plus répandu dans nos campagnes jusqu'à la fin du siècle dernier. Les chandelles, onéreuses, étaient réservées aux gens aisés, tandis que les plus pauvres, pour qui brûler de l'huile était un luxe inabordable, se contentaient de chandelles de résine puantes et fuligineuses. Quand leur seul éclairage n'était pas la lueur du foyer, dont ils prélevaient un brandon pour se déplacer dans l'obscurité, tout comme nos ancêtres de la préhistoire.

Un jour, las de tousser, de larmoyer et de n'y voir goutte, l'homme chercha une source de lumière de taille réduite, facilement maniable, qui brûle longtemps avec une flamme constante, produise peu de fumée et facile à allumer. Et il inventa la bougie. Puis tout le luminaire approprié : le bougeoir, le chandelier, le lustre, la lanterne, le falot de charrette, et même les tout premiers phares d'automobiles.

Mais cet éclairage conservait un inconvénient de taille : la seule façon de disposer de plus de lumière consistait à multiplier les bougies. On imagina alors, vers la fin du XVIIIe siècle, d'améliorer le rendement de la lampe à huile : la mèche ronde brûlant à l'air libre est remplacée par une mèche plate, puis enroulée en cylindre, tandis que la flamme est enfermée dans un verre. L'huile est remplacée au cours du XIXe siècle

Lampe à huile – cuivre

Lampe à suspendre, dite aussi "caleil" ou "chaleil". Bel exemplaire à cinq mèches.

Hauteur : 32 cm

Petite lampe "veilleuse" à huile – verre

Hauteur : 6 cm

Chandelier – laiton

Hauteur : 16 cm

Boîte de veilleuses à huile avec leur flotteur en liège

Lampe de charrette – fer, laiton et verre

Dite "falot", cette lampe à bougie possède un réflecteur efficace, un verre faisant loupe pour améliorer l'éclairage, et un voyant rouge latéral qui indique qu'elle était placée sur le côté gauche du véhicule, plus un voyant rouge à l'arrière. Les falots servaient aussi de lanterne à main.

HAUTEUR : 49 cm

Lanterne – fer et verre

Lanterne à main, à bougie, avec cheminée de tirage pour éviter que le vent ne l'éteigne.

HAUTEUR : 22 cm

Mouchettes – fer

Ciseaux à raccourcir ("moucher") la mèche des chandelles lorsqu'elle se mettait à charbonner.

LONGUEUR : 16 cm

Martinet de cave fer, manche bois

Permettait à la fois de s'éclairer et de déceler la présence de gaz carbonique dans les cuves à vin. Muni d'un long manche, il servait au boulanger pour éclairer le four.

LONGUEUR : 35 cm

par le pétrole et l'essence minérale, tandis que les fabricants s'ingénient à accroître la puissance de la flamme. Ainsi naît vers 1900 le "bec Matador", qui, se souvenait mon grand-père, « éclairait comme le soleil ! » (Tout est relatif !).

La fin du XIXe siècle voit également l'invention de la lampe à acétylène, ou lampe à carbure (de calcium), à la puissante flamme blanche, mais empestant l'ail… Ce qui lui vaudra d'être surtout utilisée en extérieur.

Avec la révolution électrique, lampes et bougies sont devenues des objets de collection, de curiosité ou de décoration… jusqu'à ce qu'une coupure de courant leur fasse reprendre temporairement du service.

Suspension à pétrole opaline blanche
HAUTEUR : 50 cm

Lampe à pétrole avec son verre – corps laiton
HAUTEUR : 42 cm

Lampe à acétylène avec réflecteur – laiton
HAUTEUR : 25 cm

Lampe à essence genre Pigeon – laiton
HAUTEUR : 19 cm

Lampe à essence genre Pigeon – laiton
HAUTEUR : 12 cm

Lampe à acétylène – laiton

À deux becs, mais sans réflecteur.

HAUTEUR : 25 cm

Lampe à essence à suspendre fer-blanc et laiton

Modèle très rare.

HAUTEUR : 22 cm

Lampe à gaz – laiton et porcelaine

HAUTEUR : 53 cm

Lampe tempête à pétrole – fer-blanc

HAUTEUR : 38 cm

LA VIE QUI VA

Dans les campagnes, les loisirs sont rares, la notion de vacances n'existe pas et jour férié ne rime pas avec jour chômé. Aussi chaque occasion de se retrouver est un instant privilégié. Tout le monde se connaît, chacun sait sur le bout du doigt la complexité des cousinages et des parentés, la civilisation rurale est avant tout basée sur l'échange : au marché, on échange des richesses, au bal, on échange des désirs, chez le coiffeur, au café ou sur la place du village, on échange des propos prudents sur la pluie et le beau temps ou plus vifs sur la politique. Naissances, mariages, maladies et deuils sont aussi autant de temps forts où se ressoude la communauté. Au sein de cette société plutôt égalitaire se détachent cependant quelques personnages un peu à part : familiers comme le garde-champêtre, regardés avec une certaine suspicion comme le maquignon, ou franchement redoutés comme l'arracheur de dents.

Sur la place du marché

« Avisse à la population ! » Bien souvent, le garde champêtre est aussi crieur public. Cet agent municipal assermenté, dont la fonction est définie par une loi de 1791, est, selon un arrêté du Ministère de l'Intérieur, « chargé principalement de faire respecter les lois et règlements ayant trait à la police rurale et, de façon générale, d'exécuter les directives données par le maire dans le cadre de ses pouvoirs de police. » Bras armé du maire, et armé au sens strict du terme, puisqu'il a droit au port d'arme, il a obligation de verbaliser, sans état d'âme, dès qu'il constate un délit. Et ceux-ci sont multiples : infractions concernant la chasse et la pêche, les poids et mesures, le tabac, les allumettes, les alcools, les alambics, les boissons, ivresse publique, divagation d'animaux, pâturage sur terrain d'autrui, bris de clôtures, abandon sur un lieu public de matériel agricole pouvant servir d'armes ou d'outils à des malfaiteurs, vagabondage, problèmes de bornage et de voisinage... Les règlements régissant les foires et marchés sont aussi de sa compétence : vérification de l'état sanitaire des animaux, attribution des emplacements...

Autant dire que les pouvoirs du garde champêtre sont tels qu'il peut rendre la vie infernale à qui lui déplaît. Comme le confesse Cyprien Beausoleil, garde champêtre de Clochemerle et archétype de la profession : « Garde champêtre, ce qui vous donne une puissance, et les moyens de foutre la paix au monde ou de l'enquiquiner tout à votre convenance, selon que vous préférez dans un sens ou dans l'autre, et que les têtes vous reviennent ou ne vous reviennent pas... »

Mais comment devient-on garde champêtre ? C'est une affaire sérieuse, sanctionnée par un examen. Il faut, en effet, savoir lire et écrire, capacité vérifiée par une dictée (coefficient 1) ; savoir compter, en répondant à des questions simples pouvant porter sur les quatre opérations, la règle de trois, le système métrique... (coefficient 2) ; savoir rédiger un procès-verbal de déclaration ou de contravention (essentiel, coefficient 3).

De même, le garde champêtre ne doit pas, outre sa fonction, tenir un commerce de nature à le détourner de sa surveillance ou de compromettre son autorité, comme un débit de boisson. Mais rien ne lui interdit de fréquenter de tels établissements, comme le confie le même Beausoleil : « Dans la position de garde-champêtre, on trouve toujours à boire : c'est l'un, c'est l'autre qui offre, rapport qu'ils ont tout intérêt, les gens, à se tenir bien avec moi, et moi pareil, j'aime mieux par nature me tenir bien avec tout le monde : on en a plus de profit et ça rend la vie meilleure. »

Plaque de garde champêtre cuivre et cuir

Largeur : 10 cm

Képi de garde champêtre

Tambour de garde champêtre manchot

Le roulement est obtenu mécaniquement, en tournant la manivelle de la main gauche.

DIAMÈTRE : 37 cm

Aller au marché, c'est autant l'occasion de récolter quelques sous en bon argent sonnant et trébuchant, si précieux pour acheter ce que la ferme ne peut fournir, que de se retrouver entre connaissances des paroisses d'alentour. Aucune paysanne n'hésite à marcher deux ou trois lieues à l'aller, et autant au retour, pour vendre « la douzaine d'œufs, la poule caquetante et affolée, le lapin ahuri, les haricots verts, blancs ou violets, sans oublier le bouquet de fines-herbes ou de persil. »

Vendre les produits de la ferme est l'affaire des femmes, tandis que les hommes se consacrent au commerce du bétail, qui se tient sur le foirail, à l'écart. Il faut avoir l'œil pour jauger la bête, repérer ses défauts avant d'entamer le marchandage de rigueur. La négociation est âpre, chaque sou compte : « À force de causer, de discuter, ils se sentirent le gosier sec, et chacun espérant gagner quelques francs en faisant boire son ami, ils allèrent s'attabler dans un café […] Après des discussions sans fin, ils convinrent que Thomas prendrait la vache pour deux cent soixante-quinze francs, et qu'il payerait au café la consommation, qui se montait à trois francs vingt-cinq centimes. Camus devait donner le pourboire, qui se montait à dix centimes ; ce dernier article fut débattu longtemps. »

On se méfie des marchands de chevaux et autres animaux de trait, qui n'ont pas leurs pareils pour rendre fringantes, pour quelques heures au moins, les haridelles les plus fourbues et les vieilles rosses asthmatiques. Dents limées, poil teint, dopage à l'eau-de-vie… tous les moyens sont bons pour maquiller la bête et lui redonner une nouvelle jeunesse, le temps de trouver un pigeon. Foires et marchés sont aussi le rendez-vous de tous les marchands, colporteurs et bateleurs : camelots, vendeurs de chansons et d'images d'Épinal, diseurs de

Pesons à 2 crochets – fer et laiton
HAUTEUR : 31 cm

Panière ou banne – osier
Pour le transport des poules, lapins, œufs …
DIMENSIONS : 67 x 36 cm

Crécelle – bois
Utilisée par les marchands forains pour attirer les clients.

Pesons à ressort "pocket" – acier et laiton *(en haut)*
HAUTEUR : 22 cm

Panier à volailles – osier teinté noir
DIMENSIONS : 30 x 22 cm

Balance romaine – bois et fer
HAUTEUR : 38 cm

Panier à pigeons et volailles – osier
DIMENSIONS : 45 x 30 cm

Cage à barreaux pour le transport des volailles – bois
DIMENSIONS : 68 x 47 cm

bonne aventure et autres bonimenteurs : « Ce charlatan [...] vendait aussi de la poudre pour les vers et c'était là qu'il faisait ses affaires. Il commençait par raconter l'histoire d'un jeune drole de six ou sept ans, qui était malade, les parents ne savaient pas pourquoi. On leur avait bien dit qu'il fallait lui donner pour les vers, mais eux n'avaient rien fait. Cependant, voilà que ce petit a une attaque de vers et meurt dans des convulsions épouvantables, que le charlatan racontait à faire tribouler les gens. Mais ce n'était rien, voici que tout d'un coup, il prenait dans le coffre de sa voiture le squelette de cet enfant et le montrait de tous les côtés à la foule. Oh ! alors, en

voyant ça et en entendant le cliquettement des os, les pauvres bonnes femmes de mères qui étaient là en avaient des tressaillements dans les entrailles, et prenaient pour cinq sous un paquet de la poudre qui tuait ces vers maudits. Et les hommes, quoique plus durs, en achetaient aussi. »

Parmi ces forains plus pittoresques les uns que les autres, il s'en trouve un qui officie discrètement, presque clandestinement : le marchand de cheveux. Lui ne vend rien : il propose aux paysannes pauvres de menus objets en échange de leurs cheveux. Celles qui acceptent sont invitées à passer derrière une toile, à l'abri des regards. Là, d'un seul coup de ciseaux, il tranche la chevelure au ras du crâne. Ensuite, la femme remet sa coiffe ou son bonnet, quelquefois bourré de paille ou de foin pour donner l'illusion du volume des cheveux disparus. Ces tondeurs revendent ensuite les cheveux aux fabricants de perruques et de postiches. Les chevelures blondes valent plus cher que les brunes ou les rousses, et les cheveux des Bretonnes et des Normandes sont les plus appréciés pour leurs teintes et leur qualité. Ce curieux métier disparaîtra progressivement au début du siècle, en même temps que l'usage des coiffes et avec l'élévation du niveau de vie.

Si les affaires ont été bonnes, on en profite pour acheter tantôt une paire de sabots, tantôt un coupon de tissu, ou quelques articles de quincaillerie, clous, fil de fer, s'offrir un nouveau couteau, aller chez l'épicier pour se procurer des produits exotiques, comme une orange pour le Noël des enfants, ou un peu de café, qui se vend le plus souvent par quart de livre (125 g) ou même par demi-quart (62, 5 g !).

Canne toise de maquignon bois et cuivre
Canne dépliante.
LONGUEUR : 96 cm

Plaque de marchand de bestiaux – cuivre

***Canne toise de maquignon bois et cuivre** (à gauche)*
Canne télescopique pour mesurer le bétail.
LONGUEUR : 92 cm

Plaque de concours agricole – fonte

Chaque secteur du champ de foire était spécialisé : marchés aux bœufs, marchés aux chevaux, aux moutons, aux cochons…

Brûloir à café – tôle

DIMENSIONS : 36 x 31 cm

Plaque publicitaire des cafés BIEC – tôle émaillée

De telles plaques ornaient les devantures des épiceries de campagne.

Coiffeur et barbier

« La barbe ou les cheveux ? » Question rituelle bien oubliée aujourd'hui. Le coiffeur de campagne, au début du siècle, est surtout barbier, et sa clientèle est exclusivement masculine. Il faudra attendre les années vingt, et la vogue des coupes « à la garçonne », pour voir se multiplier les salons de coiffure pour dames.

Notre coiffeur est l'héritier direct des « barbiers-perruquiers-baigneurs-étuveurs » du Moyen Âge, tous plus on moins « chirurgiens » – le rasoir sert à tout ! Au XVIIe siècle, la corporation éclate en « barbiers-barbants » et en « maîtres chirurgiens-barbiers ». C'est à la fin du XIXe siècle que commence l'évolution qui transforme le barbier en coiffeur, avec l'invention, en 1895, du rasoir de sûreté à lame interchangeable, imaginé par un Canadien d'origine française, King Camp Gillette. Son adoption par les armées alliées, lors de la Première Guerre mondiale, va le populariser au détriment de l'antique « coupe-chou ». C'est le commencement de la fin pour le barbier.

En ville, de véritables salons proposent un choix de coupes étonnamment varié : les tailles demi-longues, la taille à l'anglaise, la toute nouvelle coupe « à l'aviateur », où les cheveux sont rejetés en arrière comme par le souffle de l'hélice, la coupe en boule, inspirée de la mode de 1840, la « taille Bessant », ou coupe en brosse, l'incroyable coiffure « Aux Enfants d'Édouard », qui imite la calvitie…

À la campagne, le choix est beaucoup plus réduit : coupe militaire, ras derrière et sur les côtés, 2 à 3 centimètres de cheveux sur le dessus du crâne, et coupe à la tondeuse, dans le plus pur style bagnard, qui, à défaut d'être esthétique, a au moins l'avantage de laisser peu de chance aux poux… Sans parler de l'ineffable coupe au bol, dont voici la méthode : séparer les cheveux sur le milieu de la tête ; la recouvrir d'une écuelle ; maintenir fermement l'ustensile et couper à ras tout ce qui dépasse…

Mais, partout, un bon barbier sait que « barbe bien savonnée est à moitié rasée », et que le mouvement du rasoir se fait avec le poignet, en souplesse, et non avec le bras, sous peine d'être considéré comme ayant « la main dure ». Il sait

Panonceau de coiffeur – tôle émaillée
DIMENSIONS : 40 x 15 cm

Pince à pierre d'alun – cuivre *(en haut à gauche)*
DIMENSIONS : 7 x 7 cm

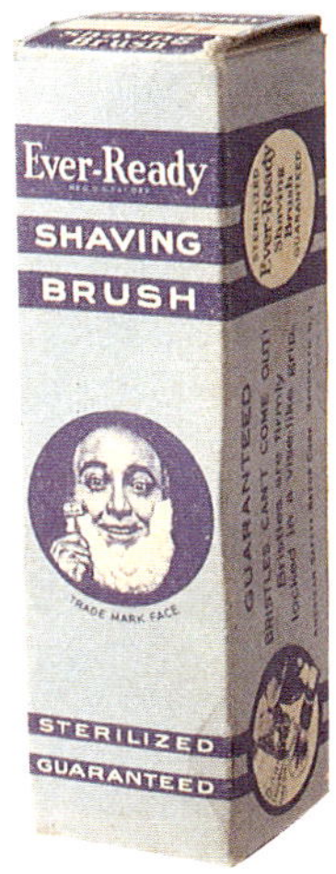

Boîte de blaireau Brush
HAUTEUR : 13 cm

Fauteuil de coiffeur bois et rotin
À dossier coulissant en hauteur.

Blaireau avec récipient à savon à barbe en étain
HAUTEUR : 11 cm

Rasoir à couteau ou "coupe-chou" acier et ivoire
LONGUEUR : 14,5 cm

Affiloir à cuir – bois recouvert de cuir
LONGUEUR : 35 cm

Plat à barbe – tôle
DIAMÈTRE : 29 cm

Plat à barbe laiton chromé
DIMENSIONS : 37 x 33 cm

Plat à barbe à décor fleuri – faïence
DIAMÈTRE : 24 cm

Essuie-lame mécanique laiton chromé
LONGUEUR : 13 cm

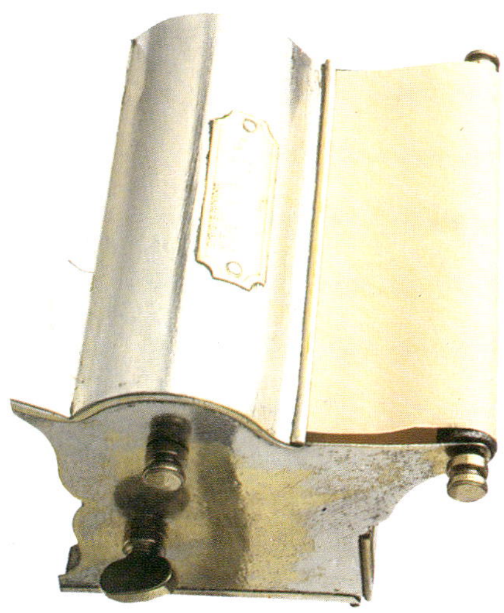

également que le fil du rasoir est délicat, et qu'il ne faut pas le laisser séjourner sur un marbre dont la froideur le durcirait. Pour la même raison, avant de procéder au rasage, il passe le tranchant sous l'eau chaude ou à la flamme d'une lampe à essence ou à gaz pour l'adoucir.

Cependant, certains coiffeurs n'avaient guère de problème de marbre froid, comme celui-ci qui officiait dans l'entre-deux-guerres, en Limousin : « Le salon de coiffure de Plumet consiste en une petite pièce sombre et froide, au papier moisi, ornée d'une glace et d'une table recouverte d'une toile cirée blanche qui essaie de donner l'illusion du marbre. […]. Le patient est affalé dans un fauteuil : il tient sous son menton un plat d'étain auquel est suspendue par une ficelle une boule de buis grosse comme une noix ; cette boule de buis, il l'a dans la bouche et s'en sert pour gonfler ses joues afin que la peau bien tendue livre tout son poil au fil du rasoir. » Mais, marbre ou pas, peu importe : « La boutique est le lieu où se transmettent les nouvelles et se discutent continuellement les affaires municipales. » Car on va chez le coiffeur comme on va au café : d'abord pour se retrouver.

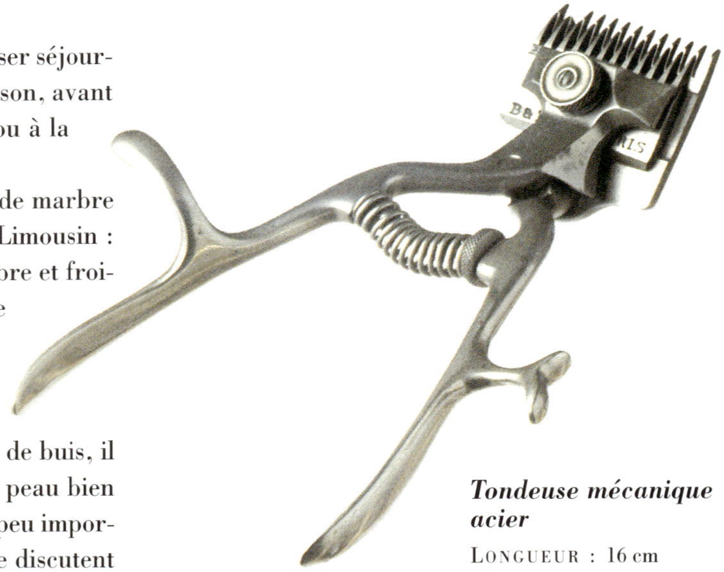

Tondeuse mécanique acier

LONGUEUR : 16 cm

Ciseaux – acier

LONGUEUR : 15,5 cm

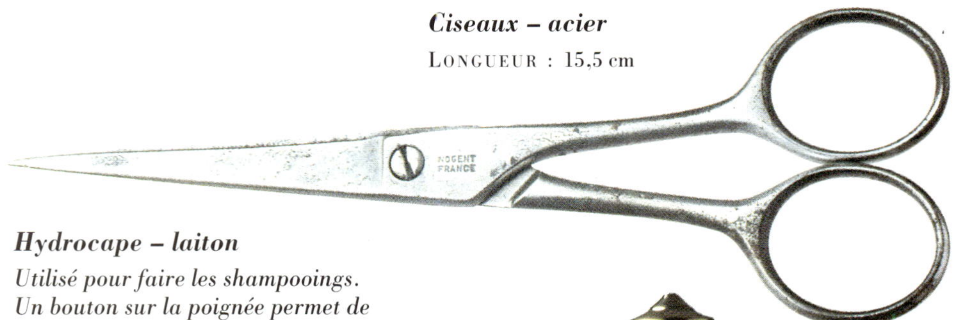

Hydrocape – laiton

Utilisé pour faire les shampooings. Un bouton sur la poignée permet de déclencher une douche sous pression.

HAUTEUR : 33 cm

Vaporisateur (ou boîte à poudre) laiton chromé

HAUTEUR : 15 cm

Fer à friser les moustaches – poignée os

LONGUEUR : 22 cm

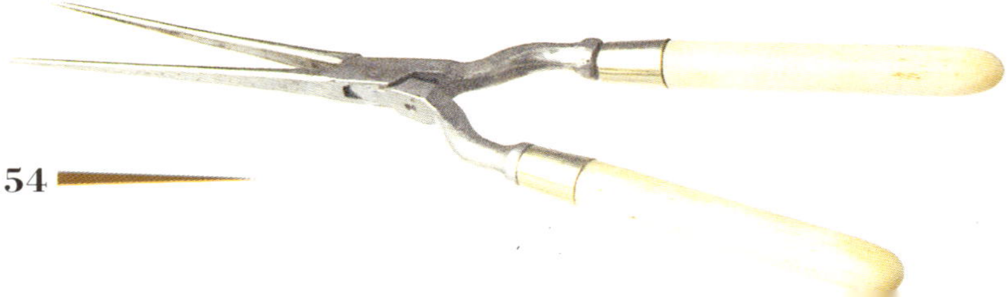

Fer à friser triple
LONGUEUR : 27 cm

Fer à friser
LONGUEUR : 19 cm

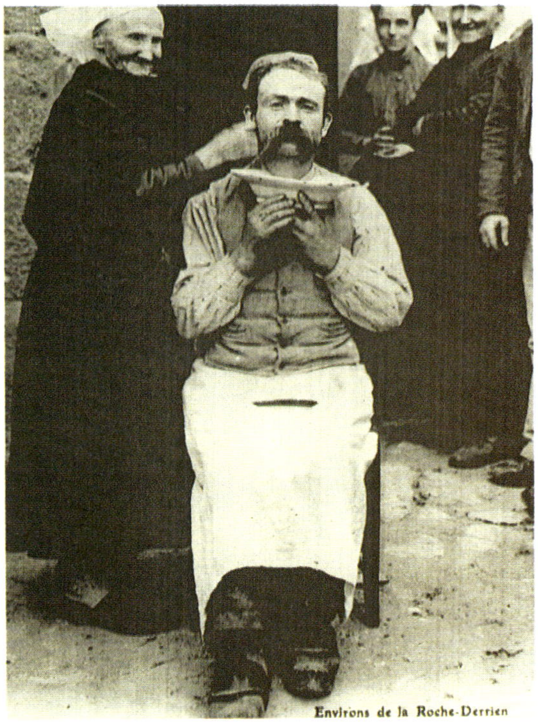

Sèche-cheveux cuivre et fonte
Les cheveux sont étalés sur le peigne, l'air chaud produit par un réchaud à pétrole intérieur est diffusé par un ventilateur à manivelle.
HAUTEUR : 150 cm

Brosse pour enlever les cheveux coupés
LONGUEUR : 20 cm

Fer à papillotes pour boucles plates
LONGUEUR : 24 cm

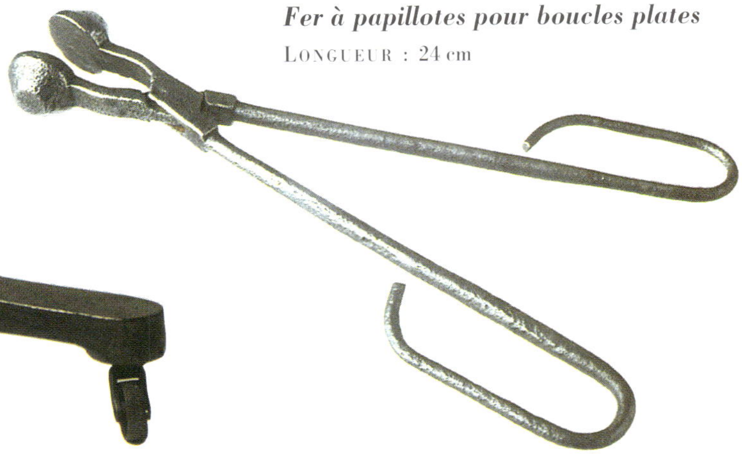

Le corps et la santé

Inutile de se voiler la face… mais pas de se boucher le nez : à la campagne, jusqu'à une époque fort récente, on se lave rarement et peu. La toilette se résume bien souvent à se laver la figure et les mains quotidiennement, les pieds plus rarement et le reste du corps jamais ou presque. Comme l'explique sans détours une vieille fille du début du siècle : « Ça me rappelle une année que le maire parlait de faire bâtir des bains publics […] Mais

Lavabo-fontaine – tôle émaillée

Hauteur : 49 cm

Garniture de toilette – faïence

Broc à eau (hauteur : 45 cm) et sa cuvette (diamètre : 40 cm), boîte à couvercle et récipients.

heureusement, on a abandonné le projet, car notre Maire, qui est quand même intelligent, a compris qu'aucune personne de convenable y serait étée de peur de se faire montrer du doigt, et de s'entendre dire qu'elle était sale. Et les étrangers auraient pensé qu'il fallait que nous soyons bien dégoûtants pour qu'on ait été obligé de faire bâtir ça au milieu de la ville. » Et d'ajouter : « Quant à moi, je ne me suis jamais baignée. Je m'en porte pas plus mal, et personne m'a fait l'insulte de penser que je puisse en avoir besoin. Du reste, comment le corps s'en salirait-il ? Les personnes qui nous tenons à notre place, portons de longues chemises montantes et de gros jupons, et sans être grand savant,

Seau à douche à suspendre tôle et cuivre
HAUTEUR : 43 cm

on sait bien que la chemise attrape tout. » Théorie tout droit héritée des XVIe et XVIIe siècles, où l'on dédaigne l'eau pour la "toilette sèche", dont le principe est simple : en se collant à la peau, la chemise s'encrasse, il n'y a donc plus qu'à changer de chemise pour retrouver un corps net. Opinion largement admise, et confirmée par un rapport du Conseil de Salubrité du département de l'Aube, en 1835 : « L'état hirsute et écailleux de la peau, l'odeur qu'elle exhale sont des preuves de force et les effets d'une disposition décidée à la génération. » Bref, un homme qui ne serait ni crasseux ni malodorant se verrait vite taxer d'efféminé... Car sexualité et toilette se rejoignent dans une condamnation unanime de la part des autorités médicales comme religieuses : se baigner peut conduire à des pratiques perverses aux conséquences les plus funestes. Ainsi, de nombreux médecins écrivent de doctes traités pour dénoncer les dangers de demeurer nu dans une baignoire, tandis que, dans les couvents, on apprend aux pensionnaires à se laver décemment, c'est-à-dire en chemise.

Bidet à couvercle – bois et tôle émaillée
DIMENSIONS : 49 x 44 cm

Chauffe-bain plongeur à charbon de bois – cuivre
Rempli de braises, on le plongeait dans la baignoire.
DIMENSIONS : 55 x 45 cm

Dur au mal, le campagnard ne fait guère appel au médecin et préfère faire confiance aux plantes et aux talents du rebouteux, qui n'a pas son pareil pour vous remettre d'aplomb, en échange d'une volaille ou d'une bouteille de bon vin. Dans les cas plus délicats, on consulte le conjureur. Celui-ci a le don de guérir tantôt les problèmes de glandes, tantôt les abcès, ou encore les brûlures, les verrues, le zona…

À l'inverse, les notables répugnent à ces remèdes de manants et préfèrent se confier au corps médical, aux méthodes tout aussi pittoresques, comme le lavement, ou clystère : « Le malade doit quitter tout voile importun, il s'inclinera sur le côté droit, fléchira la jambe en avant et présentera tout ce qu'on lui demandera, sans honte ni fausse pudeur. De son côté, l'opérateur, habile tacticien, n'attaquera pas la place comme s'il voulait la prendre d'assaut, mais comme un tirailleur adroit qui s'avance sans bruit, écarte ou abaisse les broussailles ou les herbes importunes, cherche des yeux, et qui, lorsqu'il a aperçu l'ennemi, ajuste et tire : aussi, l'opérateur usera d'adresse, de circonspection et n'exécutera aucun mouvement avant d'avoir trouvé le point de mire. C'est alors que, posant révérencieusement un genou à terre, il amènera l'instrument de la main gauche, sans précipitation ni brusquerie et que de la main droite, il abaissera amoroso la pompe foulante et poussera avec discrétion et sans saccade, pianissimo. ».

Biberon de malade, dit "canard" ou "pipette" – porcelaine
LONGUEUR : 16 cm

Canard ou pipette – porcelaine
LONGUEUR : 19,5 cm

Ainsi traité, le patient pourra ensuite se soulager dans la traditionnelle chaise percée, ou, plus souvent, dans la nature. Car les "commodités" n'existent guère, et d'ailleurs, pourquoi faire, comme le rappelle la célèbre délibération du conseil municipal de Clochemerle à propos de l'urinoir public : « Des hommes qui avaient uriné de père en fils contre les bas de murs et les renfoncements, au hasard du besoin, […] ne seraient pas très disposés à s'épancher en lieu fixe et dépourvu de ces petits agréments que procurent les fantaisies d'un jet bien dirigé chassant un puceron, courbant une herbe, noyant des fourmis ou traquant une araignée dans sa toile. À la campagne, il faut tenir compte des moindres plaisirs. »

Canard ou pipette à décor fleuri – faïence
LONGUEUR : 17 cm

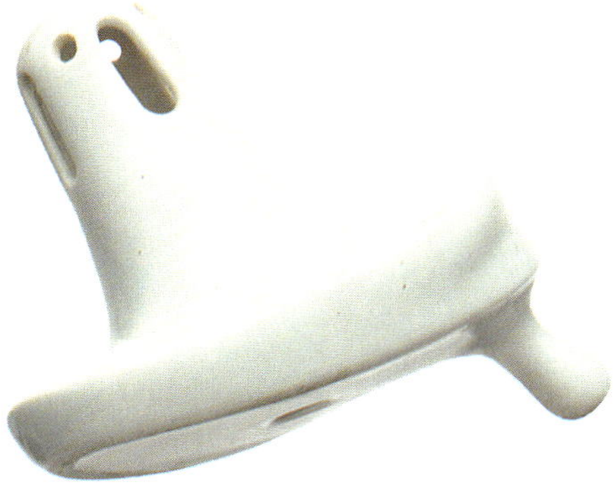

Embout d'irrigateur vaginal – porcelaine
HAUTEUR : 10 cm

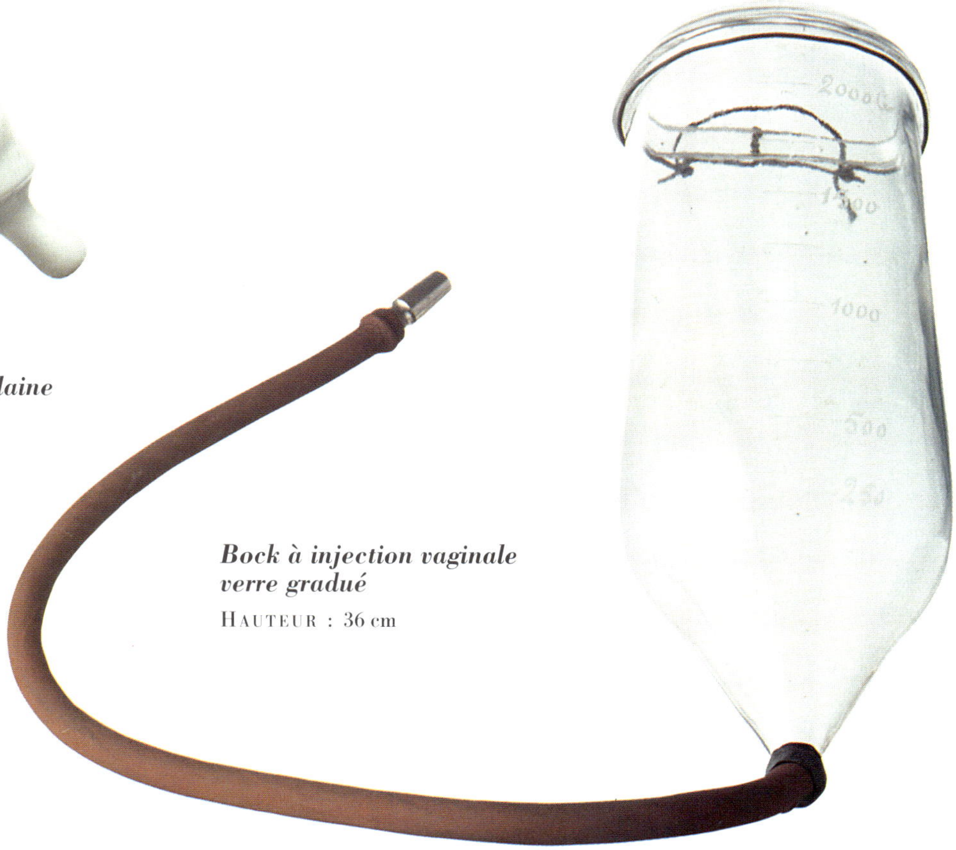

Bock à injection vaginale verre gradué
HAUTEUR : 36 cm

Canard à décor jaune et vert – faïence
LONGUEUR : 20 cm

Irrigateur vaginal – laiton et étain
HAUTEUR : 32 cm

Urinal de lit – verre
LONGUEUR : 25 cm

Bassin de lit – porcelaine
LONGUEUR : 41 cm

Bassin de lit porcelaine
DIAMÈTRE : 35 cm

Seau d'aisance – terre cuite vernissée
HAUTEUR : 39 cm

Ventouses – verre

Crachoir à couvercle – faïence
Diamètre : 10 cm

Urinal de lit – zinc
Longueur : 27 cm

Clystère ou seringue à lavement – étain
Longueur : 22 cm

Inhalateur pour fumigations – porcelaine
Hauteur : 14 cm

Clystère – étain, boîte récipient – fer-blanc
Dit clystère "soi-même" car le tuyau en caoutchouc permettait de s'administrer soi-même le lavement en gardant la seringue à portée de main.
Longueur : 18 cm

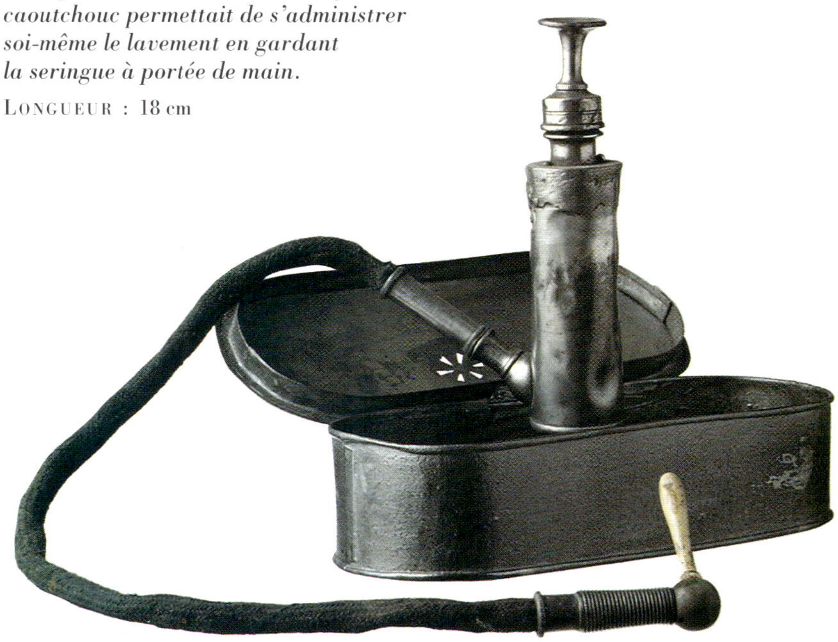

Biberon long – verre
Longueur : 25 cm

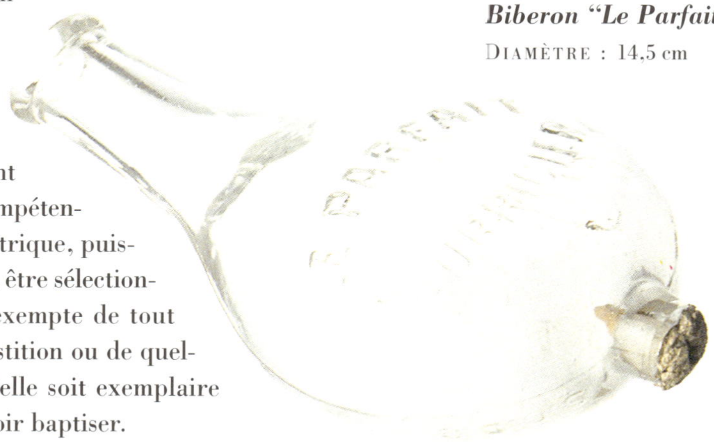

Biberon "Le Parfait" – verre
Diamètre : 14,5 cm

À la même époque, les enfant naissent à la maison : pas question de maternité ni de pouponnière. Si l'on désire connaître par avance le sexe de l'enfant à naître, il suffit de s'adresser à un radiesthésiste dont la baguette de coudrier est censée déceler à coup sûr s'il s'agit d'une fille ou d'un garçon.

Les sages-femmes diplômées sont rares, et d'ailleurs on préfère bien souvent faire appel à une voisine compétente. Compétence qui n'a pas toujours à voir avec l'obstétrique, puisqu'une sage-femme doit selon la tradition, être sélectionnée selon les critères suivants : être « exempte de tout soupçon d'hérésie, de maléfice, de superstition ou de quelqu'autre crime que ce soit, et enfin qu'elle soit exemplaire dans sa vertu et dans ses mœurs », et savoir baptiser.

Le nouveau-né est traditionnellement nourri au sein. Si le lait maternel n'est pas assez abondant, le problème peut être sérieux, car, en dehors des régions d'élévage, il n'est guère facile de se procurer quotidiennement le lait de vache dont le nourrisson a alors besoin.

Déposé dans un berceau oscillant, dont on entretient le mouvement en tirant sur une ficelle, l'enfant est emmailloté très serré, y compris les bras, pour le protéger du froid.

Si l'enfant est malade ou pleure la nuit, c'est qu'il est sous l'influence nocive des esprits : les morts ou les saints le torturent, il reçoit au berceau la visite des fantômes, ses aïeux, qui tentent de le reprendre. Il faudra alors, par des procédés de divination, déterminer les noms des disparus qui se manifestent ainsi et le nombre de messes à faire célébrer à leur intention. Ainsi, l'enfant recouvrera-t-il la paix et la santé.

Dans certaines régions, si l'enfant tarde à parler, on lui fait manger, trois premiers vendredis du mois consécutifs, un potage salé présenté dans une écuelle offerte par ses parrain et marraine. S'il persiste dans son mutisme, on lui tend alors un marteau pour briser l'écuelle magique : casser la poterie lui déliera la langue.

Tire-lait à poire – verre et caoutchouc

LONGUEUR : 13.5 cm

Trotte-bébé dit "virène" – osier

DIMENSIONS : 45 x 84 cm

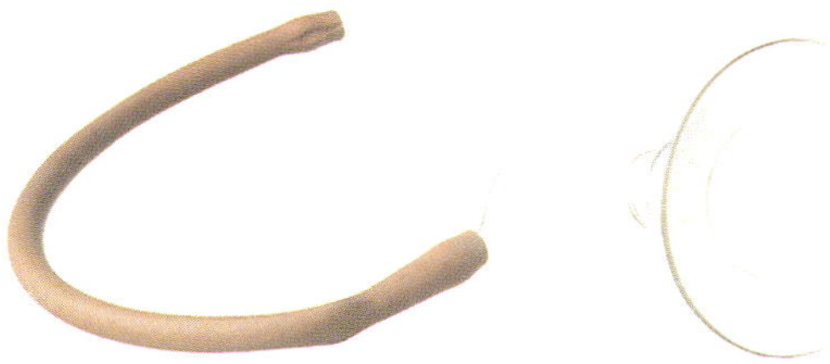

Tire-lait avec tuyau à aspirer verre et caoutchouc

LONGUEUR : 14 cm

Comme nous l'avons vu, le paysan n'est guère enclin à se confier au corps médical. Il est un cas, cependant, où la douleur est telle qu'il faut bien se résoudre à intervenir : les maux de dents.

On ne connaît alors qu'une technique : l'arrachage. Selon le courage de chacun, on fera appel à la méthode dite de la ficelle et de la porte (on attache la dent à une ficelle reliée à une poignée de porte, et on demande à un comparse de claquer la porte), ou aux pinces du maréchal-ferrant (qui s'y connaît en dents, puisqu'il intervient sur celles des animaux...). Autre possibilité : en passer par un arracheur de dents, qui prétend, naturellement, intervenir sans douleur. La réalité est tout autre : « Le docteur faisait le plus gros dans les mâchoires de Clochemerle, c'est-à-dire qu'il arrachait, se servant pour cela d'un outillage rudimentaire et terrifiant, qu'il maniait avec une poigne irrésistible et qui ne lâchait jamais prise. Il tenait les curetages et les plombages pour enjolivures de charlatans, et l'anesthésie pour complication inutile. Il estimait que la douleur est à elle-même son antidote, et que la surprise lui est un excellent adjuvant. Partant de ces observations, il avait mis au point une technique opératoire brève et généralement efficace. Sur les joues déformées par la fluxion, il assénait sans préavis un formidable coup de poing qui assommait à moitié le patient. Dans la bouche ouverte par les cris de douleur, il plongeait ses tenailles jusqu'au maxillaire et tirait par saccades, jusqu'à rupture complète, au mépris des périostes, des afflux de pus et des hurlements. L'opéré se relevait tellement égaré qu'il donnait son argent sur le champ. » Pour désinfecter le champ opératoire, un bon bain de bouche à l'eau-de-vie était particulièrement indiqué, et l'on repartait soulagé jusqu'à la prochaine séance de torture...

Il n'y a donc rien d'étonnant à ce que nos ancêtres, avant d'en arriver là, aient tenté de se soulager selon des recettes pour le moins pittoresques. Comme se caler une petite pomme dans la joue et rester assis devant le feu en tendant la joue à la chaleur : quand la pomme est cuite le mal de dent est passé. Ou porter à son cou un sachet contenant du sang de taupe, une fève percée et une dent humaine. Aller chercher au cimetière un petit os et le passer sur la gencive malade en récitant une prière pour le mort. Plus poétique, attacher un ruban neuf à une branche d'aubépine. Enfin, si rien n'est efficace, et en dernier recours avant l'intervention musclée, adresser cette prière à sainte Appolline : « Sainte Appolline assise sur une pierre de marche, Notre Seigneur passant par là lui dit : – Appolline, que fais-tu là ? – Je suis ici pour mon chef, pour mon sang et pour mon mal de dents – Appolline retourne-toi ; si c'est une goutte de sang, elle tombera, et si c'est un ver il mourra. » Ajouter cinq Pater et cinq Ave, et faire le signe de la croix sur la joue en face du mal que l'on ressent, pour être guéri en très peu de temps.

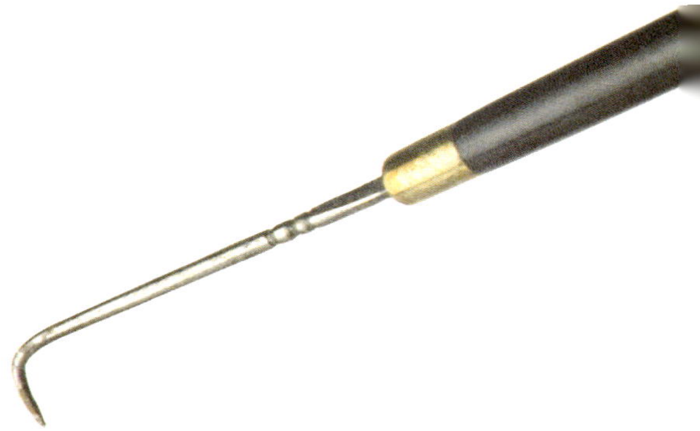

Trousse complète d'arracheur de dents

Comprenant : la tenaille dite "davier", deux formes différentes de clés de Garangeot destinées à bien cramponner les dents récalcitrantes pour les arracher, et trois modèles de curettes.

LONGUEUR DES INSTRUMENTS : de 11 à 15 cm

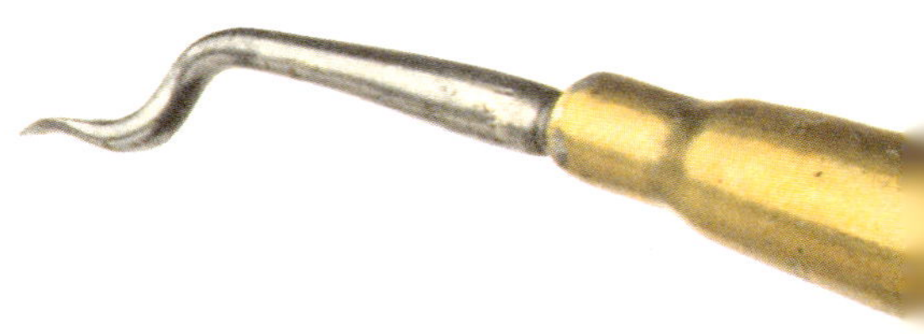

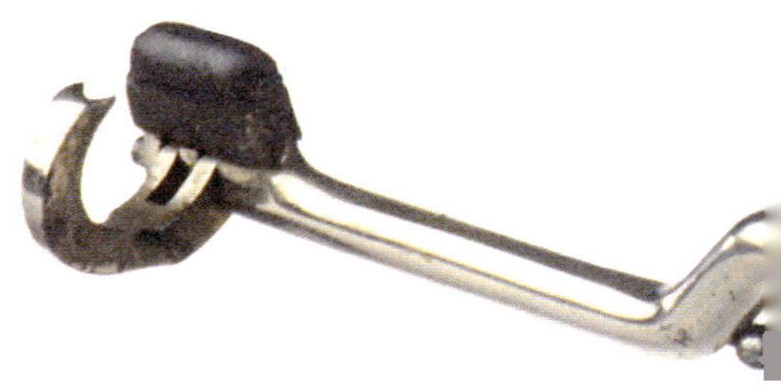

JEUX ET DISTRACTIONS

Petite toupie d'enfant – buis
DIAMÈTRE : 5,5 cm

À force d'évoquer le labeur de nos ancêtres et les travaux incessants, on en oublierait qu'ils savaient aussi prendre le temps de s'amuser. Si la vie n'était pas toujours facile, elle était loin d'être morose : « Bons buveurs, bons compaignons et beaulx joueurs de quille-là », écrivait Rabelais au sujet des paysans du Val de Loire.

Jeux de boules et jeux de quilles étaient en effet les plus répandus, avec d'innombrables variantes locales. On jouait déjà aux quilles dans l'Antiquité. Comme le catholicisme condamnait les jeux, on s'ingénia à tourner la difficulté : ainsi, au IVe siècle dans les monastères allemands, une des quilles symbolisait le Diable : le joueur qui ne réussissait pas à l'abattre était déclaré en état de péché mortel (on peut supposer qu'il recevait alors un gage).

Grande toupie à pointe ferrée – bois
DIAMÈTRE : 17 cm

Plus tard, Luther amplifia la tendance, en donnant à chaque quille le nom d'un péché capital : sept péchés plus le Diable, on retrouve le jeu de quille à huit des régions de l'Est. Dans d'autres régions, on pratiquait plutôt le jeu à six ou à neuf quilles. Les boules ressemblaient aux actuelles boules de bowling, avec une prise en main un peu différente : un trou pour le pouce, et une large fente pour les autres doigts, c'est la boule dite "à mortaise".

Si les quilles sont aujourd'hui tombées dans une relative désaffection, les boules sont plus vivantes que jamais. Là aussi, à chaque région son jeu : dans les Pays de Loire, la boule de fort, qui se pratique en intérieur. À Paris, la boule parisienne, dite aussi boule de berge. À Lyon, la lyonnaise, naturellement, qui se joue avec des boules lourdes et de fort diamètre. Dans le Midi, le jeu provençal. Et un peu partout, la pétanque.

Ces deux derniers jeux sont souvent confondus à tort. Au jeu provençal, le plus ancien, le joueur prend son élan d'un ou plusieurs pas selon qu'il tire ou qu'il pointe. Au contraire, la pétanque, née en 1910 à La Ciotat, tire son nom du provençal "péd tanco", pieds joints : le joueur se tient dans un cercle qu'il ne doit pas franchir.

Quilles d'enfant – bois peint
HAUTEUR : 36 cm

Quilles et boule à mortaise – bois
HAUTEUR DES QUILLES : 65 cm.
DIAMÈTRE DE LA BOULE : 22 cm

Parmi les autres distractions, le passage du montreur d'ours est l'une des plus appréciées. La capture, l'élevage et le dressage des ours sont une spécialité exclusive de quelques villages de l'Ariège, isolés dans les montagnes du haut Saint-Gironnais. L'ours est alors une source de revenus appréciable et une fille dotée d'un ours ne tarde guère à trouver un mari. Les ours vivent dans les maisons avec les habitants, aussi familiers que les chiens, dormant au coin de la cheminée. Quand le dresseur et l'animal, toujours baptisé Maître Martin, arrivent sur la place du village, un large cercle de curieux se forme aussitôt. Le boniment peut commencer : «Allons, Martin, présentez-vous poliment et saluez l'aimable société ! Montrez comment vos parents vous ont appris à voler le bétail et les petits agneaux sur la montagne ! » Après quelques exercices comme la lutte corps à corps avec son maître ou le combat contre un gros chien, arrive enfin le clou du spectacle : la danse de l'ours.

La guerre de 14 mit fin aux activités des derniers montreurs d'ours, mais, de toute façon, les villageois s'en détournaient déjà au profit d'une toute nouvelle attraction : le cinéma ambulant.

Boules cloutées – âme bois, cloutage fer, laiton et cuivre

DIAMÈTRE : 9 cm

Palets – fer

Le jeu de palets consiste à lancer son palet le plus près possible du but. Dans la variante dite "bouchon", la règle du jeu consiste en un bouchon sur lequel on entasse l'argent des mises. Celui qui renverse le bouchon empoche l'argent.

DIAMÈTRE : 9 cm

Boules destinées à jouer à la Lyonnaise ou jeu de la longueur.
DIAMÈTRE : 12 cm

Boules à clous bombés – âme buis, cloutage fer
DIAMÈTRE : 9 cm

Boules "Lyonnaise" cloutées – laiton et cuivre, avec porte-boules.

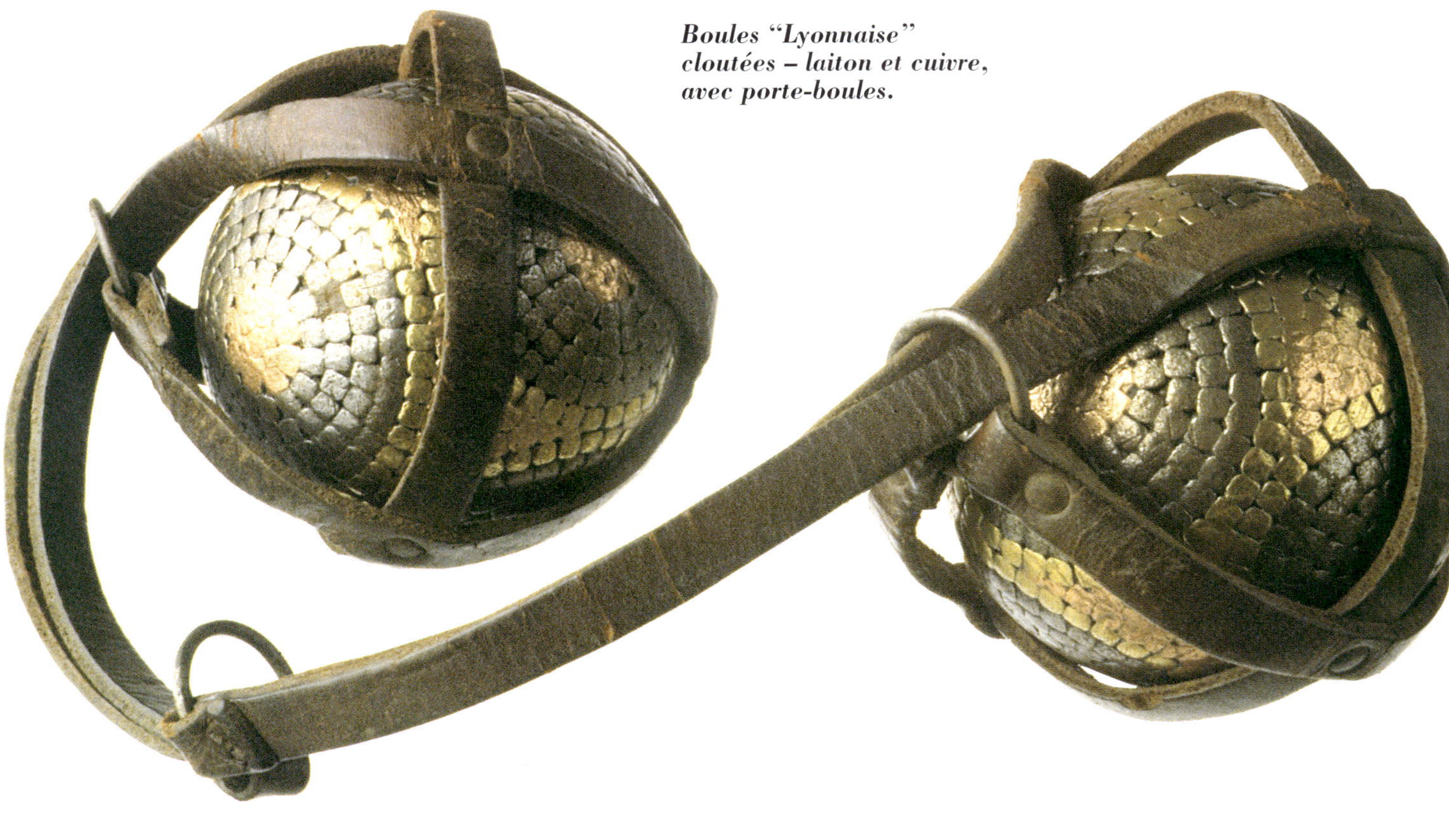

Les musées de la vie rurale

On peut évaluer à près de trois cents les musées consacrés, en France, à la vie économique locale, à la vie rurale et domestique, aux sources d'énergie. . La plupart d'entre eux concernent l'artisanat et le petit commerce lié à l'agriculture, et présentent de multiples traits communs d'une région à l'autre. Ces musées permettent de découvrir la France rurale traditionnelle, ce qui ne veut pas toujours dire disparue, dans la mesure où nombre d'activités anciennes ont subsisté en s'adaptant. Parmi tous ces musées, nous avons privilégié les écomusées, qui offrent le plus souvent l'avantage de présenter les objets dans leur environnement authentique, et, mieux encore, de proposer aux visiteurs des animations et des démonstrations, où l'on peut découvrir le savoir-faire des artisans, des éleveurs et des agriculteurs. Ce qui ne veut pas dire, que les autres musées, aux présentations plus classiques, ne soient pas dignes d'intérêt, bien au contraire ! Et comme cette liste, même si nous l'avons voulue représentative, est loin d'être exhaustive, vous multiplierez certainement les découvertes aussi passionnantes qu'inattendues au cours de vos voyages et de vos vacances.

Vendeuse de paille

Alsace

Bas-Rhin

Musée de l'Outillage forestier, Domaine de la Bussière, La Robertsau

Haut-Rhin

Écomusée de Haute-Alsace, Chemin du Grosswald, Ungersheim, Ensisheim

Aquitaine

Gironde

Écomusée libournais, Musée du Paysan, Montagne

Landes

Écomusée de l'Armagnac, Château-Garreau, Labastide-d'Armagnac
Écomusée de la Grande-Lande :
– site de Marquèze, Sabres
– site de Luxey, Atelier des produits résineux, Luxey

Auvergne

Cantal

Écomusée de la Margeride, Domaine de Longevialle, Loubaresse

Puy-de-Dôme

Musée Agrivap, rue de l'Industrie, Ambert

Bourgogne

Saône-et-Loire

Écomusée de la Bresse bourguignonne, Château de Pierre-de-Bresse, Pierre-de-Bresse

Bretagne

Finistère

Écomusée des Techniques et Traditions, Saint-Rivoal, Pleyben

Moulin de Kerouat, Commana, Sizun

Ille-et-Vilaine

Écomusée du Pays de Rennes, Rennes Sud, Rennes

Morbihan

Écomusée de la Ferme et des Vieux Métiers, Lizio, Serent

Centre

Eure-et-Loir

Écomusée du Conservatoire du Machinisme agricole, Sours

Moulins de Levesville-La Chenard, de Maisons, de Moutiers en Beauce, de Ouarville, d'Ozoir-le-Breuil, Ymonville

Vieux moulin à vent, Maves

Indre

Écomusée de la Brenne et du Pays Blancois, Ville-Haute, Le Blanc

Berger des Pyrénées

Champagne-Ardenne

Marne

Écomusée du parc naturel régional de la Montagne de Reims, Pourcy, Ay

Écomusée du Village champenois, Sainte-Marie-du-Lac, Nuisement

Haute-Marne

Musée conservatoire du Machinisme agricole, Ferme Bersillière, Droyes

Franche-Comté

Doubs

Écomusée de la Maison comtoise, Nancray

Fromagerie-musée, Place de la Mairie, Trépot

Ile-de-France

Val-de-Marne

Écomusée de Fresnes, 431, rue Maurice-Témine, Fresnes

Yvelines

Écomusée de Saint-Quentin-en-Yvelines, Commanderie des Templiers, Élancourt

Musée du Mouton et de la Bergerie nationale, Rambouillet

Languedoc-Roussillon

Hérault

Parc naturel régional du Haut-Languedoc, Saint-Pons-de-Mauchiens, Paulhan

Lozère

Écomusée du Mont-Lozère, Le Pont-de-Montvers

Limousin

Vienne

Musée des Feuillardiers, Châlus

Lorraine

Meuse

Écomusée de la Vie rurale, Hanonville-sous-les Côtes, Vigneulles-lès-Hattonchâtel

Vosges

Écomusée de la Scierie de la Hallière, Celles-sur-Plaine

Midi-Pyrénées

Aveyron

Écomusée départemental historique du Rouergue, Rodez
Écomusée des Arts et Métiers, Salles-la-Source, Marcillac-Vallon
Écomusée du Larzac, La Grande Jasse, La Cavalerie

Gers

Écomusée de la Lomagne, Flamarens, Miradoux

Nord-Pas-de-Calais

Nord

Écomusée de Fourmies-Trélon, Fourmies
Maison du bocage, 35, rue Jean-Baptiste-Lebas, Sains-du-Nord

Normandie

Calvados

Conservatoire des techniques fromagère, Abbaye, Saint-Pierre-sur-Dives

Eure

Boulangerie rurale (antenne de l'Écomusée de la Basse-Seine)
La Haye-de-Routot
Écomusée de la Basse-Seine, 2, rond-point Marbec, Le Trait

Pays de Loire

Loire-Atlantique

Parc naturel régional de Brière, 180, Île de Fedrun, Saint-Joachim

Vendée

Centre de découverte du marais breton vendéen, Le Daviaud, La Barre-de-Monts
Écomusée de Vendée, Château du Puy-du-Fou, Les Épesses

Picardie

Oise

Écomusée de du Beauvaisis, 2, rue du Franc-Marché, Beauvais

Poitou-Charentes

Charente-Maritime

Maison de l'âne du Poitou, Dampierre-sur-Boutonne, Aulnay

Maison paysanne oléronaise, Grand-Village, Boulevard de la Plage, Oléron

Deux-Sèvres

Conservatoire du machinisme et des pratiques agricoles, Les Ruralies, Prahecq

Vienne

Écomusée du Montmorillonais, 8, boulevard de Strasbourg, Montmorillon

Provence-Alpes-Côte d'Azur

Alpes-de-Haute-Provence

Maison-musée de l'abeille et du miel, Riez

Alpes-Maritimes

Écomusée de la vallée de Roudoule, Puget-Rostang

Bouches-du-Rhône

Musée camarguais, Mas du Pont-de-Rousty, Arles

Rhône-Alpes

Isère

Écomusée Nord-Dauphiné, Maison Levret, Rue Dulac, Villefontaine

Loire

Écomusée du Roannais, 10, rue Jean-Jaurès, Roanne

POSTES
ARIEGE

Bibliographie

Qu'il s'agisse d'œuvres d'écrivains régionalistes ou d'audience nationale, de manuels techniques du début du siècle consacrés à l'agriculture, de témoignages de professionnels ayant souhaité raconter leur vie active ou l'histoire de leur métier, il existe des milliers d'écrits qui permettent de retracer les multiples aspects de la France rurale traditionnelle. Par ailleurs, de très nombreux livres de photographie, reproduisant des documents anciens ou contemporains, sont consacrés à la vie quotidienne dans les campagnes françaises. Cette bibliographie, constituée pour la réalisation du présent ouvrage à partir de titres consultables en bibliothèques spécialisées, mais depuis longtemps épuisés pour certains, est donc forcément très partielle.

Patrick Amiot
La vie d'un métier... Coiffeur
P. Amiot 1992.

A. Chaigneau
Braconnage, contre-braconnage
La Maison rustique, 1976.

Le blé, le pain et l'homme,
Catalogue de la Maison du Blé et du Pain
à Verdun, 1985.

Collectif sous la direction de Janine Durrens
Médecines traditionnelles
et populaires en Périgord
PLB éditeur, 1991.

Max et Denise Dejean
L'Ariège d'autrefois, Horvath, 1988.

Traditions pyrénéennes
Combier, 1984.

Vieux métiers et pratiques oubliées
en Ariège, Horvath, 1989.

Pierre Delacrétaz
Les vieux fours à pain
Cabédita, 1993.

Pierre Fanlac
Amour du Périgord
Pierre Fanlac éditeur, 1986

Fonctions et symboliques animalières
Catalogue de l'exposition du musée
de Saint-Didier, s. d.

G. L., ingénieur agronome
Principes d'agriculture
J. de Gigord éditeur, 1912.

Eugène Le Roy
L'année rustique en Périgord
Les Éditions du Périgord Noir, 1982.

Jacquou le Croquant
Pierre Fanlac éditeur, 1976.

Le Moulin du Frau
Les Éditions du Périgord Noir, 1969.

Alexis Lichine
Encyclopédie des vins et alcools
Robert Laffont, 1988.

Jean-Noël Marchandiau
Outillage agricole de la Provence
d'autrefois, Édisud, 1984.

Matériel viticole et vinicole
Catalogue commercial de la maison
Vermorel à Villefranche-sur-Saône, 1897 ?

Jean Orsatelli
Les moulins, Jeanne Laffitte, 1979.

Jean Poueigh
Le folklore des pays d'oc Payot, s. d.

Georges Rocal
Le vieux Périgord
Pierre Fanlac éditeur, s. d.

Wolfgang Schivelbusch
La nuit désenchantée – À propos de
l'éclairage artificiel au XIXe siècle
Le Promeneur, 1993.

M. Spale
Manuel du coiffeur
J.-B. Baillère et fils, 1924.

Jean-Loup Trassard
Archéologie des feux
Le temps qu'il fait, 1993.

Inventaires des outils à main
dans une ferme, Le temps qu'il fait, 1981.

Ouailles, Le temps qu'il fait, 1991.

Remerciements

Un immense merci à Nicole et Georges Gaubert pour avoir bien voulu, une fois de plus, mettre à notre disposition leur inépuisable collection, et nous avoir accueillis avec toute la chaleur et le sourire de l'Ariège.

Un très grand merci également à Édouard Gaubert, dont les souvenirs vécus nous ont été d'une aide inestimable, ainsi qu'à Jean Mouret, mon père, pour ses témoignages et ses enquêtes sur le terrain auprès des acteurs survivants de la vie rurale.

Merci, enfin, à tous les écrivains, contemporains ou disparus, dont l'œuvre porte sur la terre et ses hommes, que nous nous sommes permis de citer abondamment.

Sans eux, ce livre n'aurait tout simplement jamais existé !

Références

Les noms d'objets sont tirés d'ouvrages généralistes tels que l'Encyclopédie de d'Alembert et Diderot, le catalogue de la Manufacture de Saint-Étienne et diverses publications techniques et commerciales du début du siècle.

Certains objets typiquement régionaux ne possèdent pas, à notre connaissance, de nom français équivalent : nous avons donc indiqué leur nom usuel dans leur région d'origine.

Nous nous sommes attachés, dans cet ouvrage, à décrire les constantes de la vie rurale des campagnes françaises vers le début du siècle, sans ignorer que des différences significatives existaient dès cette époque selon les régions.

Les diverses citations qui illustrent ce livre sont tirées des ouvrages suivants :

Léonce Bourliaguet, Quatre du cours moyen : P. 138, 154.
Gabriel Chevalier, Clochemerle : P. 148, 156, 164.
Pierre Fanlac, Amour du Périgord : P. 136, 148.
Guy de Lanauve, Anaïs Monribot : P. 136.
G. L., ingénieur agronome, Principes d'agriculture : P. 42.
Eugène Le Roy, L'année rustique en Périgord : P. 8, 16, 22, 24, 28, 52, 72, 76, 84.
Jacquou le Croquant : P. 9, 36, 104, 116.
Le Moulin du Frau : P. 48, 58, 94, 122, 150.
Guy de Maupassant, La petite Roque : P. 106.
Georges Rocal, Le vieux Périgord : P. 76.
Marcel Secondat, Contes et légendes du Périgord : P. 86.
Comtesse de Ségur, La fortune de Gaspard : P. 148.
Charles Spindler, Ceux d'Alsace : p. 108.
Jean-Loup Trassard, Archéologie des feux : P. 31, 84.
Inventaires des outils à main dans une ferme : P. 96.
Ouailles : P. 68, 70.

Crédits photos

Toutes les photographies en couleurs illustrant cet ouvrage sont de Richard Nourry.

Les documents anciens sont extraits de la collection Nicole et Georges Gaubert, à l'exception de l'âne à bat (P. 16), l'attelage de bœufs (P. 22), le battage au fléau (P. 29), le moulin de Jumilhac (P. 33), les Trappistes faisant les foins (P. 72), la ferme en Périgord (P. 89), la gardeuse et la gaveuse d'oies (P. 9), le séchage des prunes (P. 99), la pêche au saumon (P. 113), le marché de Bergerac (P. 148 et149), les foirails de Terrasson et de Thiviers (P. 150 et 151) (collection particulière).

Imprimé en UE